200
HECHOS
INCREÍBLES

CURIOSIDADES FASCINANTES PARA NINOS INTELIGENTES QUE QUIEREN DESCUBRIR EL MUNDO

GRACIAS POR COMPRAR ESTE LIBRO!

PARA AGRADECERLO LE OFRECEMOS
3 BONOS GRATUITOS:

65 DATOS ADICIONALES PARA DESCUBRIR EL MUNDO ;

20 VÍDEOS INCREÍBLES PARA PROFUNDIZAR

10 PALABRAS TEMÁTICAS ENTRELAZADAS

ESTE REGALO ES SÓLO PARA LOS LECTORES DE ESTE LIBRO.

ESCANEE EL CÓDIGO QR QUE SE ENCUENTRA EN LA SIGUIENTE PÁGINA PARA ACCEDER A SU BONIFICACIÓN Y RECIBIR AVANCES EXCLUSIVOS DE NUESTRO NUEVAS PUBLICACIONES.

TÓMATE UN MINUTO PARA REGISTRARTE Y ASÍ PODER AVENTURARNOS INMEDIATAMENTE EN LOS 200 HECHOS INCREÍBLES.

DICHO ESTO, TE DEJAMOS QUE LEAS EL LIBRO, ESPERANDO QUE LA INFORMACIÓN TE AYUDE A PROFUNDIZAR EN EL LADO DIVERTIDO DEL MUNDO.

¡FELIZ LECTURA!

ANIMALES

1. PATOS DE LA CARRETERA

Hace más de 25 años, un carguero que viajaba de Hong Kong a Estados Unidos perdió accidentalmente una caja en el Océano Pacífico. Dentro de esa caja había 28.000 patos de goma que iban a ser enviados a todo el mundo. Desde esa deriva, siguen apareciendo en las costas desde Australia hasta Alaska y han mejorado nuestro conocimiento de las corrientes oceánicas. Algunos han llegado hasta el Océano Atlántico, mientras que otros se han encontrado congelados en el hielo del Ártico.

2. LOS GALLOS USAN TAPONES PARA LOS OÍDOS

Teniendo en cuenta que la llamada de un gallo puede superar los 140 decibelios, habría que preguntarse cómo el propio gallo no se queda sordo con ese ruido ensordecedor. Aparentemente, estas aves de granja tienen tapones para los oídos incorporados. Los investigadores han descubierto que cuando un gallo abre el pico para cacarear, sus conductos auditivos externos se cierran, impidiendo que el sonido entre y haga daño.

3. EL DEPREDADOR MÁS INTELIGENTE ¡NO ES EL LEÓN!

En contra de lo que podría pensarse, el depredador con mayor índice de mortalidad no es el león, el guepardo o el lobo, sino el perro salvaje africano. Según los investigadores, se sabe que estos caninos delgados y de grandes orejas tienen una tasa de mortalidad del 85%, mientras que los halcones peregrinos consiguen el 47% de sus objetivos y los leones sólo el 17-19%. ¿Otro animal con una tasa de mortalidad sorprendentemente alta? Los gatos domésticos, que matan a más del 30% de sus objetivos.

4. EL PRIMER DINOSAURIO

El primer dinosaurio encontrado se llama Eoraptor ("ladrón del amanecer"). Se llamó así porque vivió en los albores de la era de los dinosaurios. Era un carnívoro del tamaño de un pastor alemán. El primer esqueleto de Eoraptor fue descubierto en Argentina en 1991. Sin embargo, recientemente se ha encontrado en Madagascar otro dinosaurio que data de hace 230 millones de años, pero al que aún no se le ha puesto nombre.

5. EL MAMÍFERO MÁS PEQUEÑO EN EL MUNDO

Con un peso de 0,05-0,07 onzas, una longitud entre la cabeza y el cuerpo de 1,14-1,29 pulgadas y una envergadura de 5,1-5,7 pulgadas, el murciélago abejorro, también conocido como murciélago nariz de cerdo de Kitti, es el mamífero más pequeño del mundo según el Libro Guinness de los Récords. Para ver a este pequeño murciélago, hay que visitar una de las pocas cuevas de piedra caliza del río Khwae Noi, en la provincia de Kanchanaburi, al suroeste de Tailandia. Aquí se encuentran muchas de las criaturas más pequeñas de la tierra que, a pesar de ello, desempeñan un papel vital en el ecosistema.

6. LOS MC DONALD'S DE LAS ABEJAS

Por desgracia para los humanos hambrientos, no hay Big Macs ni McNuggets disponibles en el restaurante McDonald's más pequeño del mundo. Para las abejas, sin embargo, hay mucha miel. La minifábrica de alimentos se construyó en Suecia para ayudar a recuperar la población de abejas. La colmena, o mejor dicho, el McHive, no sólo puede albergar a miles de abejas, sino que además tiene la forma de una versión más pequeña de la comida rápida, con pequeños arcos dorados y todo.

7. SERVIDO POR UN ... MONO

En el interior del restaurante Kayabuki, en el norte de Tokio, hay unos camareros bastante peculiares: monos. A primera vista, este restaurante no tiene nada de especial, pero una vez dentro, queda claro por qué ha aparecido en muchos artículos de prensa. Todo empezó un poco por casualidad: Kaour (el dueño) se había dado cuenta de que sus dos monitos le copiaban en cada gesto que hacía dentro del restaurante, así que decidió contratarlos como camareros. Esto se hace de forma legal y sin explotarlos, sólo pueden trabajar durante dos horas después de las cuales tienen que parar. A raíz de esta noticia, el restaurante se ha convertido en una atracción turística.

8. ¿CÓMO COMUNICAN LAS TORTUGAS?

Las tortugas no tienen cuerdas vocales y sus oídos son internos, por lo que los científicos creían que las tortugas eran sordas y no se comunicaban mediante sonidos. Pero las investigaciones han descubierto que estos animales se comunican en realidad a una frecuencia extremadamente baja que sólo puede oírse a través de un hidrófono (un micrófono utilizado bajo el agua). Estos sonidos también proceden del huevo antes de que la tortuga salga del cascarón. Los investigadores especulan que esto ayuda a que todos los hermanos de las tortugas nazcan al mismo tiempo.

9. EL HOMBRE Y EL LEOPARDO

En el pequeño pueblo de Bera, en Rajastán (India), los humanos y los leopardos han convivido en armonía durante mucho tiempo. Los lugareños creen que la convivencia con uno de los animales considerados entre los depredadores más temidos del mundo se debe a una profunda conexión espiritual: veneran a estos animales y los tratan como sus guardianes.

10. EL VOLÁTIL MÁS GRANDE DE LA HISTORIA EXISTE

Los pterosaurios, de tamaño comparable al de una jirafa media, tenían una envergadura de unos 11 metros y podían volar miles de kilómetros. En lugar de despegar sólo con las patas, como todas las aves, los pterosaurios probablemente despegaron utilizando las cuatro extremidades. El paleontólogo Michael Habib sostiene que el uso de sus fuertes brazos como principales motores de lanzamiento en lugar de sus piernas puede explicar cómo los pterosaurios llegaron a ser mucho más grandes que cualquier otro animal volador conocido.

11. EL PUB DE LAS ARDILLAS

El "Nutty Bar" es un pequeño bar de apenas 60 cm de largo y 40 cm de alto, construido por el carpintero de 37 años Michael Dutko. El hombre construyó esta taberna para las ardillas que viven en su barrio en unas ocho horas y colocó en su interior nada menos que siete variedades de frutos secos para satisfacer las necesidades de todos los pequeños roedores. Lo más ingenioso y divertido de esta obra es, sin duda, el cartel del baño que dice: "Nuts or No Nuts".

12. EL OSO CORPORAL

Un oso que luchó en el ejército polaco en la Segunda Guerra Mundial fue ascendido al rango de cabo. Wojtek, el soldado oso, fue liberado de los campos de prisioneros de Siberia para ser acogido en Irán por las fuerzas aliadas. El ejército polaco se hizo cargo de él y ayudó en el esfuerzo de guerra, trasladando municiones durante la batalla de Monte Cassino en Italia. Tras la batalla, fue ascendido al rango de cabo. Y después de que los aliados ganaran la Segunda Guerra Mundial, se trasladó al Reino Unido y vivió en el zoológico de Edimburgo hasta su muerte en 1963.

13. LAS MARIQUITAS SON CANÍBALES

Es difícil no sonreír cuando se ve una mariquita, pero estos pequeños insectos pueden no parecer tan lindos una vez que se descubre que son caníbales. Una mariquita adulta suele comer unos 50 pulgones (insectos chupadores de savia que los jardineros desprecian) al día, pero cuando no hay suficiente comida, devora larvas de mariquita e incluso otras mariquitas jóvenes. Esto se debe a que ambos tienen caparazones lo suficientemente blandos como para ser masticados por una mariquita adulta.

14. EL CIRCO DE LOS HOLOGRAMAS

Los amantes de los animales que están en contra de la explotación de estas criaturas difícilmente querrán ir a un circo tradicional. Pero si todavía quiere disfrutar de las majestuosas habilidades de los animales sin preocuparse por su bienestar, el Circo Roncalli es una gran solución. Este circo alemán dejó de utilizar animales reales en sus espectáculos en 2018. En cambio, utiliza hologramas en 3D de caballos, peces y elefantes para realizar trucos y juegos que resultan emocionantes de ver.

15. EL GATO DE LA PELÍCULA "SHREK" EXISTE REALMENTE

Seguro que recuerdas la escena de "Shrek 2" en la que el gatito se quita el sombrero mostrando dos enormes ojos brillantes, lo que probablemente conquistó a la mayoría del público. Pues debes saber que en la realidad hay un gato que es la encarnación felina de ese personaje. Se llama Pisco y es un precioso gato rojo que vive en Nueva York y tiene más de 600 mil seguidores en Instagram. Si no nos crees, echa un vistazo a las divertidas fotos que Pisco publica cada día en su perfil y dinos qué opinas.

16. EL PUENTE PARA LOS ANIMALES SALVAJES

En 2025 estará listo en California el Wallis Annenberg Wildlife, el mayor puente del mundo para la fauna salvaje, de 65 metros de largo y 50 de ancho. El puente pasará por encima de una autopista cerca de Santa Mónica y permitirá a todos los animales de esas montañas viajar por la carretera. Se cubrirá con vegetación local y se protegerá con muros construidos para absorber la luz y las ondas sonoras y evitar así cualquier fuente de perturbación para los animales.

17. EL FIN DE LOS DINOSAURIOS

Muchos científicos creen que un enorme meteorito cayó en la península de Yucatán (México) hace 65,5 millones de años y provocó la extinción de los dinosaurios, los pterosaurios y los plesiosaurios. El cráter de 180 km de ancho fue causado por una roca de 10 km de diámetro. Habría golpeado la corteza terrestre con una fuerza inmensa, provocando ondas de choque que se propagarían por todo el mundo. Ningún animal terrestre más pesado que un perro sobrevivió. Sin embargo, sobrevivieron animales como tiburones, medusas, peces, escorpiones, aves, insectos, serpientes, tortugas, lagartos y cocodrilos.

18. EL ANIMAL QUE VIVE SIN CABEZA

El cerebro de los pollos se concentra en la parte posterior del cráneo y no es muy grande. Por esta razón, un pollo decapitado puede sobrevivir durante bastante tiempo, viviendo sólo de sus terminaciones nerviosas. Mike, el pollo sin cabeza, es quizás el ejemplo más conocido. Su propietario, un granjero llamado Lloyd Olsen, le cortó la cabeza en 1945, pero el pollo no murió. Así que la familia se lo quedó, dejando caer comida y agua directamente en su esófago. Finalmente, el pobre animal murió después de 18 meses.

19. 56.000 "BEBÉS", UNA MADRE

Por término medio, un pulpo gigante del Pacífico pone 56.000 huevos al final de un embarazo, en el transcurso de un mes aproximadamente. Al principio, estas nuevas "crías" se mueven por el agua circundante separadas de las demás y de su madre. Pero entonces la madre recoge cada huevo, que tiene el tamaño de un grano de arroz, y los trenza para poder vigilarlos a todos al mismo tiempo.

20. LA GUERRA DE LOS EMÚS

La Guerra de los Emúes, también conocida como la Gran Guerra de los Emúes, fue una operación militar de gestión de la fauna salvaje llevada a cabo en Australia Occidental a finales de 1932. Se llevó a cabo en respuesta a la preocupación pública por el gran número de emús que asaltaban las granjas, causando estragos y saqueando los cultivos. En los intentos de frenar la población de emúes se emplearon soldados armados con pistolas y, aunque se mataron algunas aves, la población de emúes persistió y siguió causando la destrucción de los cultivos.

21. LAS HORMIGAS PESAN MUCHO

El peso total de todas las hormigas de la Tierra es mayor que el peso total de todos los seres humanos del planeta. Las estimaciones de peso de la BBC sitúan el peso total de la población mayor de 15 años en 332 millones de toneladas. Los científicos estiman que cada hormiga pesa entre 1 y 10 mg, dependiendo del tamaño, y en total habría entre 1 y 10 millones de millones de hormigas en la Tierra.

22. LOS JABALÍES SON DELICADOS

Los jabalíes lavan su comida, un descubrimiento impactante. National Geographic informó de que en el zoo de Basilea (Suiza), los cuidadores observaron a jabalíes adultos y jóvenes recogiendo manzanas de arena y llevándolas a un arroyo cercano para lavarlas. Aunque algunos artículos, como la remolacha, se comían sin lavarlos, algunos jabalíes llevaban una gallina muerta entera al arroyo para lavarla antes de mutilarla. Este parece ser un comportamiento bastante recurrente en algunas partes del mundo.

23. EL ANTÍDOTO POR EXCELENCIA

¿Se han preguntado alguna vez por qué el raticida es tan eficaz contra los ratones? La respuesta es peculiar: el veneno es tan eficaz porque las ratas no pueden vomitar. Las ratas han evolucionado de tal manera que, tanto fisiológica como anatómicamente, no pueden vomitar ni eructar, por lo que pueden ser tóxicas (para los humanos) si entran en contacto con cualquier sustancia nociva.

24. EL PROFUNDO CANTO DE LOS RORCUALES

Las ballenas barbadas emiten sonidos para atraer a sus parejas tan fuertes y profundos que pueden oírse hasta a 1.000 kilómetros de distancia. Estos mismos sonidos pueden utilizarse para cartografiar sónicamente el fondo oceánico, ya que alcanzan profundidades de 2,5 kilómetros bajo el agua, rebotan y proporcionan a los investigadores mediciones precisas. Además, un estudio de 2021 publicado en Science demostró que utilizar el canto de un rorcual aliblanco puede ser mucho más útil y tener un impacto menos negativo en la vida marina que utilizar una pistola de aire comprimido de gran tamaño, que es la herramienta típica en la que se basan los investigadores.

25. PÁJAROS INTELIGENTES

Hay una especie de pájaro, el pájaro testabruna, conocido como el pájaro parásito de los nidos. Lo que hace este tipo de ave es poner huevos en los nidos de otras aves y abandonarlos al cuidado de la nueva madre adoptiva. Según los expertos, esta especie es más inteligente de lo que podría pensarse, la madre original piensa muy bien antes de poner huevos en un nido desconocido; primero evalúa cuáles son las posibilidades de que ese nido sobreviva y luego decide si pone huevos o se va a otro sitio. Estas aves aprenden mucho de los éxitos y de los fracasos y luego van a poner sus huevos donde hay más posibilidades de que las crías crezcan sanas y fuertes.

26. LOS CUERVOS SON RENCOROSOS

En 2010, unos investigadores de Seattle descubrieron que los cuervos capturados anteriormente eran capaces de recordar la cara de su secuestrador incluso años después del suceso. Una vez que identificaban al secuestrador, lo amenazaban lanzándose en picado y persiguiendo a la persona que se había sentido amenazada años atrás.

27. IMMORTAL

Hay un pequeño espécimen de medusa del Mar Caribe, Turritopsis nutricula, que tiene un sistema de reproducción único en la naturaleza. Es capaz de pasar de un estado en el que es sexualmente maduro a otro en el que es inmaduro; esto evita el deterioro biológico del organismo, haciéndolo casi inmortal. Sin embargo, aún no se han encontrado ejemplares muy antiguos de la especie en la naturaleza, ya que suelen ser víctimas de enfermedades y/o depredadores

28. EL ANIMAL MÁS CORTO DEL MUNDO

El titular de este registro en particular es un pequeño insecto acuático (efímero o efímera), similar a una libélula. ¿Esperanza de vida? Alrededor de una hora y media. El único objetivo de su corta vida es aparearse; esto suele ocurrir en mayo, por lo que también se la conoce como "mosca de mayo". En Wisconsin, ha ocurrido más de una vez que los residentes se vieron obligados a permanecer en casa porque las moscas cubrían completamente las calles, hasta el punto de que los equipos de quitanieves tuvieron que intervenir para limpiar las calles.

29. FÓSILES INCREÍBLE

En 2011, dos mineros canadienses encontraron accidentalmente el fósil de Nodosaurus, de 110 millones de años de antigüedad. Este ejemplar de herbívoro acorazado es probablemente uno de los fósiles mejor conservados jamás descubiertos por el hombre: los restos fosilizados de su piel son aún visibles. Según los expertos, este nivel de fosilización es extremadamente raro: es casi seguro que el mamífero fue tragado por el agua, lo que hace que el proceso de mineralización sea único. Basta decir que casi todos los hallazgos fósiles incluyen huesos y dientes, pero casi nunca tejidos blandos.

30. NADAS COMO... UN LOBO

En la parte de la Columbia Británica, una de las provincias más septentrionales de Canadá, hay una especie de lobo que se conoce como "lobo de mar". Se alimentan principalmente de lo que pueden cazar en el mar. Lo que les diferencia de otros lobos que conocemos es que esta especie concreta de lobo puede incluso nadar kilómetros en el mar sin la menor fatiga. Sin duda, después de esto verás a los lobos de una manera completamente diferente.

31. ESTÁS MEDIO DORMIDO

Durante el sueño, el delfín sólo desconecta la mitad de su cerebro, junto con el ojo opuesto. La otra mitad del cerebro permanece alerta, pero con un bajo nivel de alerta. El lado de alerta del cerebro se utiliza para vigilar a los depredadores, los obstáculos y otros animales. También señala cuándo hay que subir a la superficie para respirar aire fresco. Al cabo de unas dos horas, el animal invertirá este proceso, descansando la parte activa del cerebro y despertando la mitad inactiva. Este patrón se suele denominar "cat-napping".

32. TENGO QUE IR AL BAÑO

Por término medio, un elefante macho adulto come unas hojas y cortezas que suman unos 180 kg al día. Evidentemente, con esas grandes cantidades de comida, hace caca unas 16 veces al día para un total de unos 6 kg por vez. Por lo tanto, puede hacer unos 100 kg de heces al día. ¡¡Absurdo!!

Esto se debe principalmente a que el sistema digestivo del elefante es muy ineficiente y alrededor del 40% de lo que se ingiere es asimilado por el cuerpo, el resto se excreta a través de las heces.

33. LAS ARDILLAS ESPÍAS

Los servicios de inteligencia iraníes detuvieron a 14 ardillas encontradas dentro de las fronteras del país, alegando que los roedores servían de espías para potencias occidentales decididas a socavar la República Islámica. Las ardillas transportaban material de espionaje de agencias extranjeras y fueron detenidas antes de que pudieran actuar, gracias a la vigilancia de los servicios de inteligencia. El comandante de la policía iraní, Esmaeil Ahmadi-Moqadam, confirmó el informe, afirmando que se había sorprendido a varias ardillas con equipos de espionaje extranjeros dentro de las fronteras de Irán. "He oído hablar de ello, pero no tengo conocimientos específicos sobre el tema", dijo. No quiso dar más detalles.

NATURALEZA

34. EL CAMBIO CLIMÁTICO CAMBIA EL COLOR DE LAS FLORES

No se preocupe, sus preciadas rosas rojas no se volverán turquesas de la noche a la mañana, pero el aumento de la radiación UV debido al deterioro de la capa de ozono en las últimas décadas ha hecho que las flores de todo el mundo cambien de color. Un estudio realizado en 2020 por científicos de la Universidad de Clemson determinó que la pigmentación UV de las flores ha aumentado con el tiempo, lo que ha provocado la degradación de su polen. Aunque no podemos ver el cambio de color con nuestros ojos, es un gran problema para los polinizadores, como las abejas, que se sienten atraídas por los colores brillantes que producen las flores.

35. LA TEMPERATURA QUE TE MATA

Quizá piense que está acostumbrado al aire helado y a los vientos fríos, pero el día medio de invierno no tiene nada que ver con el día más frío jamás registrado, que fue de -97 grados. La temperatura se registró en la Antártida durante un periodo de investigación entre 2004 y 2016. Unas pocas bocanadas de aire a esa temperatura provocarían una hemorragia en los pulmones y te matarían.

36. ALGUNOS HONGOS CREAN ZOMBI

El hongo tropical Ophiocordyceps infecta el sistema nervioso central de las hormigas. Una vez que ha estado en el cuerpo de un insecto durante nueve días, tiene un control total sobre los movimientos del huésped. Según National Geographic, obliga a la hormiga a trepar a los árboles y luego a caer en el suelo fresco y húmedo de abajo, donde el hongo prospera. Una vez allí, el hongo espera exactamente hasta el mediodía para obligar a la hormiga a morder una hoja y esperar la muerte.

37. EL SAHARA ERA UN BOSQUE

El desierto del Sahara es conocido por ser el más caluroso del mundo. Sin embargo, hace sólo 6.000 años, esta tierra seca era una enorme selva tropical con una densa vegetación y lluvias muy frecuentes. Aunque no hayamos visto el Sáhara en pleno apogeo, las generaciones futuras podrán observar, si el mundo sobrevive los próximos 10.000 años, el cambio constante de los patrones climáticos en esta zona, que podría volver a cambiar.

38. EL INCREÍBLE PESO DE UNA NUBE

¿Se ha preguntado alguna vez cuánto pesa una nube? Como flotan sin esfuerzo, sería fácil suponer que son casi ingrávidos. Pero ciertamente no lo son. Según los científicos, el peso medio de la nube cumuliforme es de 500.000 kilos (¡el equivalente a 100 elefantes!). Piénsalo por un momento, eso significa que en cualquier momento hay millones de kilos de agua flotando sobre nuestras cabezas. Este peso se reparte entre millones de gotas en un espacio muy grande y algunas de estas gotas son tan pequeñas que se necesitarían un millón de ellas para hacer una sola gota de lluvia.

39. 2000 TORMENTAS AL DÍA

El número de tormentas que se presencian depende del lugar del planeta en el que se viva. Por ejemplo, en Estados Unidos se producen cada año unas 100.000 tormentas eléctricas. Sin embargo, en total, hay 16 millones de tormentas eléctricas cada año en la Tierra, lo que significa unas 2.000 tormentas por segundo. Así lo informó el Laboratorio Nacional de Tormentas Severas.

40. LA CASCADA MÁS GRANDE... SUBMARINA

Entre Islandia y Groenlandia se encuentra la mayor cascada del mundo que se encuentra por debajo del nivel del agua. El agua en este punto del océano tiene una caída de unos 3,5 km, más de tres veces la de la mayor cascada sobre el nivel del mar. Este fenómeno se produce en este punto exacto porque el agua del mar de Irminger es significativamente más caliente que el agua del océano, lo que hace que el agua fría (más pesada) caiga en picado por debajo del agua caliente. Los científicos estiman que esta enorme cascada tiene un caudal de unos 5 millones de metros cúbicos por segundo.

41. EL ARCO IRIS LUNAR

El arco iris lunar, o arco iris blanco, es un arco iris producido por la débil luz lunar reflejada por el Sol. Es un raro fenómeno óptico análogo al arco iris diurno de colores, pero originado por la luz reflejada en la superficie de la Luna. Normalmente es posible que se forme un arco iris "blanco" cerca de las cascadas, pero la visión humana no puede distinguir los colores debido a la escasa luz de la luna. Afortunadamente, al aumentar artificialmente el brillo con las cámaras, es posible capturar la belleza de este fenómeno.

42. ¿CUÁNTA AGUA TENEMOS?

El agua cubre aproximadamente el 71% de la superficie de la Tierra (326 millones de millas cúbicas). El 97% se encuentra en los océanos y, por lo tanto, es demasiado salado para beber, cultivar y utilizar en las industrias, excepto para la refrigeración. El 3% restante del agua de la Tierra es dulce. De esta cantidad, el 2,5% no está disponible porque está encerrado en los glaciares, los casquetes polares, la atmósfera y el suelo. Esto deja un mísero 0,5%, que representa la cantidad de agua dulce disponible.

43. ¿PAPEL O PLÁSTICO?

Se ha convertido en una creencia común que el papel es siempre una mejor opción que el plástico. De hecho, ahora se prohíben las bolsas de plástico con regularidad. Sin embargo, tanto el papel como el plástico tienen sus desventajas. Según las investigaciones, la producción de bolsas de papel emite un 70% más de contaminación, utiliza cuatro veces más energía y cuesta bastante más que las bolsas de plástico. Probablemente la mejor opción para todos es llevar bolsas reutilizables siempre que se vaya de compras.

44. LAS LECHUGAS SON FLORES

Puede parecer que la lechuga y el girasol no tienen mucho en común, salvo que ambos son plantas y tienen hojas. Francamente, hay muchos elementos en los que son diferentes. Por ejemplo, las lechugas crecen cerca del suelo, mientras que los girasoles alcanzan grandes alturas. A pesar de estas diferencias, la lechuga pertenece al género Lactuca, que forma parte de la familia de las Asteraceae, también conocida como familia de los ásteres, margaritas o girasoles. ¿Lo habrías adivinado?

45. ESTOY UN POCO CALIENTE

¿El lugar más seco del mundo? El desierto de Atacama. Un desierto situado en el sur de América, concretamente en el sur de Perú y el norte de Chile. Con unos 1.600 km de largo y 180 km de ancho, es sin duda el lugar más seco del planeta, con una pluviometría prácticamente nula. Según se dice, este desierto no ha visto una tormenta eléctrica desde hace al menos 400 años, gracias a la alta presión existente. Sin embargo, las fluctuaciones de temperatura son considerables: de 5° C por la noche a más de 40° C durante el día, ¡una diferencia de más de 35° C!

46. EL ÚNICO METAL LÍQUIDO

El mercurio es el único metal líquido a temperatura ambiente y presión estándar. Esto se debe a que los electrones que giran alrededor del núcleo de un átomo de mercurio, a temperatura ambiente, sólo tienen enlaces débiles o vínculos con otros átomos de mercurio, lo que mantiene al metal en estado líquido. Por esta razón, el mercurio es el metal que se utiliza dentro de los termómetros con los que a menudo habrá comprobado su temperatura.

47. LOS GIRASOLES SON CONOCIDOS COMO HIPERACUMULADORES

Al igual que muchas otras plantas hiperacumuladoras (capaces de crecer en suelos con altas concentraciones de metales y absorberlos a través de sus raíces), los girasoles extraen los compuestos metálicos de las profundidades del suelo y los transportan al tallo, las hojas y el capítulo floral. Pueden contener altas concentraciones de materiales tóxicos y son capaces de extraer metales radiactivos de suelos especialmente contaminados durante un periodo de 3-4 años.

48. LA MONTAÑA MÁS ALTA DEL MUNDO AÚN NO ESCALADA

En Bután se encuentra la montaña más alta que el hombre aún no ha pisado: Gangkar Puensum (que significa "los tres hermanos de la montaña"). En la década de 1980 hubo intentos de escalar la montaña de 7.570 metros de altura, pero todos fracasaron. Desde 2003, Bután ha prohibido por completo la escalada de montañas de más de 6000 metros en su territorio por motivos espirituales. Esto se debe a que, según las creencias locales, las montañas son territorios inviolables, considerados sagrados y moradas de los espíritus.

49. TODOS SOMOS RICOS

Los científicos han descubierto que hay mucho más oro en la Tierra de lo que se piensa: el 99% del metal precioso se encuentra en el núcleo de la Tierra, informa la revista Discover. Según algunos cálculos, habría suficiente oro para cubrir toda la superficie de la Tierra con 45 cm. Cuánto oro hay hoy en el mundo no es una pregunta que pueda responderse con certeza, sin embargo, fuentes fiables revelan que habría unas 190.000 toneladas de oro extraído y utilizable.

50. ¿LA NIEVE HACE QUE EL AIRE SEA MÁS LIMPIO?

Tal vez no sabía que fenómenos atmosféricos como la nieve hacen que el aire que respiramos sea más limpio. La nieve tiende a formarse lejos del punto en el que el copo cae realmente; al caer, absorbe muchas partículas de nitrógeno y amoníaco (y todas las que forman el polvo fino) antes de llegar al suelo. Esto explica por qué la nieve "limpia" el aire y por qué no debes ingerir ningún copo de nieve (especialmente si vives en ciudades).

51. ¿SABÍAS QUE LOS ÁRBOLES TIENEN UN LÍMITE DE ALTURA?

Entre las secoyas más antiguas y altas del mundo, (2500 años y unos 112 metros de altura) se descubrió que los árboles tienen un límite fisiológico real en su crecimiento. Se ha descubierto, a partir de las hojas de la parte superior de las secoyas, que esta parte del árbol experimenta muy a menudo condiciones de sequía, ya que debido a la fuerza de la gravedad, el árbol es incapaz de obtener suficiente agua para una fotosíntesis eficiente y la supervivencia de las hojas. Según los cálculos de los investigadores, el límite fisiológico de la altura de los árboles es de unos 130 metros, por encima de los cuales un árbol empieza a morir.

52. ¿MAR O MONTAÑA?

Algunas cadenas montañosas encontradas en Italia hasta hace 220-230 millones de años estaban completamente sumergidas por los océanos. Durante este largo periodo de tiempo, las cordilleras emergieron y se elevaron, por lo que, en nuestros días, es muy probable encontrar fósiles de moluscos, erizos de mar y otros animales marinos que poblaron nuestros océanos. Por supuesto, no todas las zonas son ricas en fósiles, pero las partes de las montañas más sometidas a la erosión son las que tienen más restos.

53. LA FOSA DE MARIANNE

En contra de la creencia popular, existen formas de vida en el fondo de la Fosa de las Marianas; especímenes únicos que pueden vivir en entornos completamente oscuros (los rayos del sol pueden alcanzar una profundidad máxima de 150 metros, la fosa tiene casi 11 km de profundidad) y con presiones tan elevadas. El fondo marino a esta profundidad es como el de la luna, no hay ningún tipo de vegetación y es el lugar más oscuro del mundo.

54. UNA LÁGRIMA NO ES UNA LÁGRIMA

Rose-Lynn Fischer descubrió que las lágrimas son muy diferentes si son generadas por un grito de felicidad, tristeza, abatimiento, etc. De hecho, el profesor Stromberg afirma que existen tres macrocategorías para clasificar nuestras lágrimas:

- Lágrimas basales (producidas naturalmente por el cuerpo para lubricar los ojos);
- Lágrimas reflejas (que tienen la finalidad de eliminar objetos extraños de nuestros ojos);
- Lágrimas emocionales (que son provocadas por nuestro estado emocional).

Además, la composición química de las distintas lágrimas también varía, algunas tienen ciertas sustancias y otras no. La próxima vez que hables de llorar con tu familia y amigos, podrás hacer alarde de esta nueva noción.

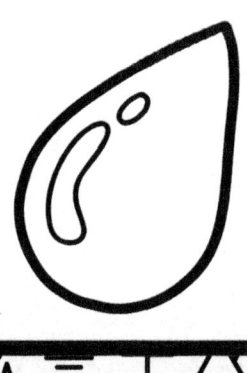

ESPACIO

55. ¿ALIENES?

En 1977, un voluntario de la Búsqueda de Inteligencia Extraterrestre recibió una señal de 72 segundos de duración procedente de un sistema estelar situado a 120 años luz de la Tierra. La señal era muy clara y procedía de un lugar que aún no había sido visitado por la humanidad, por lo que el niño que la recibió escribió: "¡Wow!" junto a la impresión original de la señal. Desde entonces sigue siendo conocido como el "¡Wow! Señal".

56. EL MAYOR VOLCÁN DEL SISTEMA SOLAR

El Monte Everest es la montaña más alta de la Tierra, con 8.849 metros. Sin embargo, sería necesario apilar tres Everests uno encima de otro para crear algo tan masivo como el Olympus Mons de Marte, el mayor volcán del sistema solar. El enorme volcán tiene unos 25.000 metros de altura y 610.000 metros de ancho, aproximadamente el mismo tamaño que el estado de Arizona.

57. LLUVIA DE DIAMANTES

Una nueva investigación de los científicos muestra que llueven diamantes en Júpiter y Saturno. De hecho, los planetas tienen la capacidad de crear 1000 toneladas de diamantes al año. Según la investigación, las tormentas eléctricas en los planetas convierten el metano en hollín que se endurece en trozos de grafito y luego en diamantes al caer. Al parecer, los diamantes caen en forma de granizo y se funden en los núcleos calientes de los planetas. Los mayores diamantes formados miden un centímetro de diámetro y serían lo suficientemente grandes, para deleite de muchas personas, como para ser engastados en anillos de compromiso y otras joyas.

58. LA LUNA ERA UN TROZO DE LA TIERRA

La teoría es que cuando la Tierra era un planeta relativamente joven, fue golpeada por un objeto gigante y esta colisión rompió un trozo de la Tierra para crear la Luna. Esta pieza comenzó entonces a orbitar la Tierra debido a su atracción gravitatoria.

59. EL PRIMER AGUJERO NEGRO

En abril de 2019, obtuvimos la primera foto de un agujero negro, lo que nos permitió observar por primera vez el espectáculo más extraño y misterioso del universo. El 10 de abril, los astrónomos lograron captar la primera imagen de la humanidad de un agujero negro, lo que supuso un hito en la historia y en la ciencia. Como se puede imaginar, el descubrimiento también provocó la curiosidad de muchos y diferentes reacciones en las redes sociales.

60. ¿CUÁNTO PESARÍA USTED EN LA LUNA?

La gravedad en la Luna es una sexta parte de la de la Tierra. Alguien que pesa 68 kg en este planeta sólo pesa 11 kg en la Luna. Su gravedad es mucho menor porque la luna sólo tiene el 1% de la masa de la Tierra. Según este razonamiento, su peso en los distintos planetas podría variar mucho de uno a otro. Si pudieras ponerte de pie en Júpiter, por ejemplo, ¡pesarías más del doble!

61. EL ESPACIO ES COMPLETAMENTE SILENCIOSO

En el espacio no hay aire ni atmósfera y, al tratarse de un vacío, las ondas sonoras no tienen forma de propagarse. Esto significa que nadie te oirá gritar en el espacio, ¡aunque grites más fuerte! Mientras que las ondas sonoras (ondas mecánicas) necesitan un medio para viajar, las ondas de radio (ondas electromagnéticas) pueden viajar en el vacío del espacio. De hecho, los astronautas utilizan las ondas de radio para mantenerse comunicados.

62. ¿CUÁNTAS ESTRELLAS HAY EN EL UNIVERSO?

El tamaño del espacio hace imposible predecir con exactitud cuántas estrellas hay. Los científicos y astrónomos utilizan el número de estrellas de nuestra galaxia, la Vía Láctea, para estimar una cantidad global. El número de estrellas en la Vía Láctea oscila entre 200 y 400 mil millones y se estima que hay miles de millones de galaxias. Es fácil entender entonces cómo las estrellas del espacio son realmente innumerables.

63. QUE HERMOSA PUESTA DE SOL ¡AZUL!

Un hipotético observador humano en Marte vería una puesta de sol azul. Mientras que las puestas de sol en la Tierra adoptan diversos colores, desde el amarillento hasta el púrpura, las puestas de sol en el Planeta Rojo parecerían azuladas para el ojo humano, según la NASA. El fino polvo hace que el azul sea el color más visible a la hora de la puesta de sol, mientras que la luz del día normal hace que el óxido sea mucho más visible (de ahí el apodo de "Planeta Rojo").

64. HAY AGUA EN EL UNIVERSO

Los científicos han descubierto la mayor y más antigua masa de agua del universo, situada a unos 12.000 millones de años luz del Sistema Solar. Se calcula que el agua disponible en este lugar del universo es unos 140 millones de millones de veces la de todos los océanos de la Tierra juntos. Una cifra realmente impensable. Además, esto es una prueba de que el agua ya existía en los primeros días del universo, ya que lo que podemos ver es la situación de hace 12.000 millones de años.

65. ¡CUIDADO CON LA SAL!

Na' es el símbolo químico del sodio, que tiene el número atómico 11. Como elemento es muy reactivo y tiende a reaccionar con bastante facilidad en presencia de otros elementos: si se pone en contacto con el agua explota. Cl' es el símbolo químico del cloro, un elemento gaseoso cuyo número atómico es 17. Es un gas muy denso, corrosivo y no inflamable que es muy tóxico para el cuerpo humano. Si combinamos estos dos elementos que parecen muy peligrosos para el cuerpo humano, obtenemos la simple sal de mesa (NaCl).

66. EL MAYOR AGUJERO NEGRO DEL UNIVERSO

Para muchos un tabú, el agujero negro siempre ha sido uno de los elementos más fascinantes de nuestro universo. Un agujero negro es una parte del espacio-tiempo en la que hay tanta gravedad que ni siquiera la luz puede escapar. Hasta la fecha, el mayor agujero negro del universo (de la parte conocida actualmente) tiene una masa de unos 66.000 millones de masas solares y está a unos 10.400 millones de años luz.

67. VENUS ES MÁS CALIENTE QUE MERCURIO

Aunque muchos piensan que el planeta más caliente del Sistema Solar es Mercurio por ser el más cercano al Sol, la realidad es que Venus es el más caliente de los planetas. La principal diferencia entre los dos planetas es que Mercurio no tiene una verdadera atmósfera, por lo que el calor tiende a disiparse más rápidamente a pesar de su corta distancia del sol. Venus, en cambio, tiene una atmósfera compuesta principalmente por dióxido de carbono y ácido sulfúrico, elementos que favorecen el efecto invernadero del planeta (la temperatura media del planeta es de 460°).

68. HAY MÁS ESTRELLAS QUE GRANOS DE ARENA

El universo se extiende mucho más allá de nuestra galaxia, la Vía Láctea, por lo que los científicos sólo pueden estimar (aunque con enormes márgenes de error) cuántas estrellas hay en el universo. Sin embargo, los científicos estiman que el universo contiene alrededor

1.000.000.000.000.000.000.000.000

de estrellas, un número imposible de imaginar. Aunque nadie puede contar realmente todos los granos de arena de la Tierra, el total estimado por los investigadores de la Universidad de Hawai es de unos mil millones de billones (10^{18}) y medio.

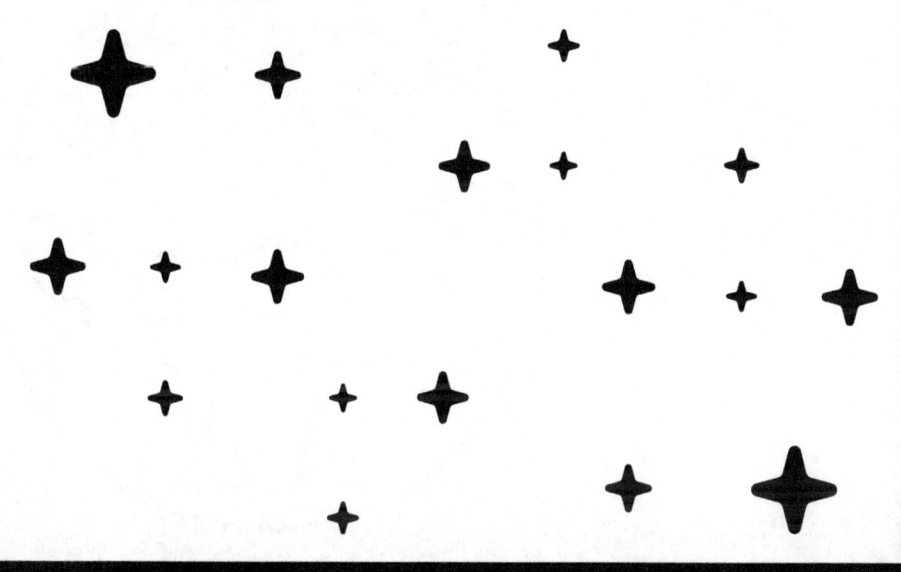

69. LA LUNA Y LA TIERRA SE ESTÁN ALEJANDO

Se sabe que la luna viaja alrededor de la Tierra, pero no todo el mundo es consciente de que la distancia entre la luna y la Tierra está aumentando. El pequeño cuerpo espacial continúa su rotación celeste y se aleja de nuestro planeta unos 3,75 centímetros cada año, es decir, la misma velocidad a la que crecen las uñas humanas. Esto también significa que la luna estaba probablemente mucho más cerca en el pasado. De hecho, los científicos creen que cuando se formó la Luna, estaba a unos 22.500 kilómetros de la Tierra. En la actualidad, se encuentra a unos 402.336 kilómetros de nosotros.

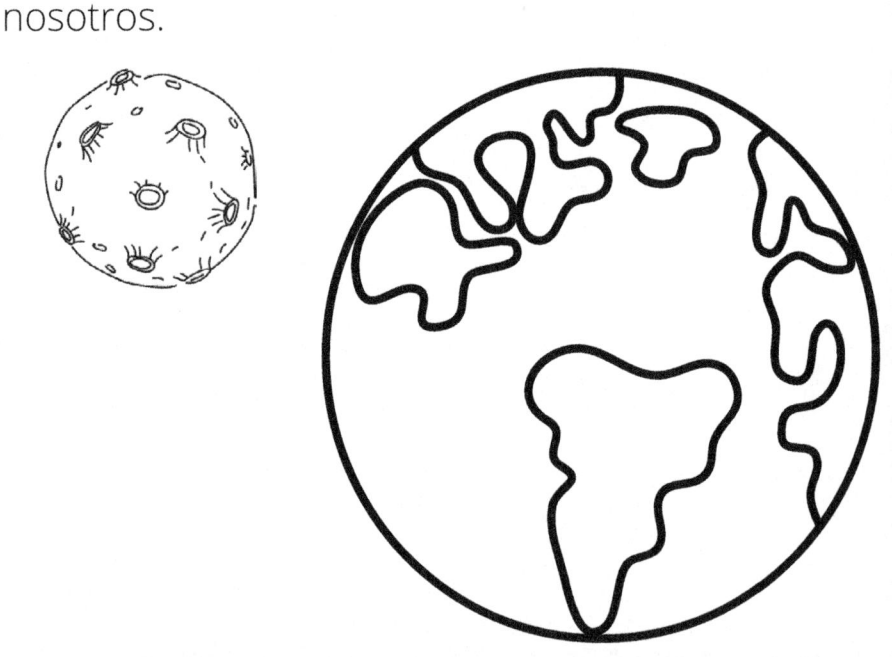

ALIMENTOS

70. SOMOS LO QUE COMEMOS

Más allá del engaño de las etiquetas intencionalmente engañosas, los alimentos envasados tienden a ser más procesados y a veces son menos saludables por las sustancias químicas del propio envase. Como explican los investigadores en Diet, Nutrition and Cancer: Directions for Research, "se añaden intencionadamente más de 2.500 sustancias químicas a los alimentos para alterar su sabor, color, estabilidad, textura o coste. Además, se calcula que unas 12.000 sustancias se utilizan de forma que pueden entrar involuntariamente en el suministro de alimentos. Entre estas sustancias se encuentran los componentes de los materiales de envasado de los alimentos, los auxiliares tecnológicos, los residuos de plaguicidas y los medicamentos administrados a los animales". Por eso es tan importante tratar de comprar siempre alimentos que no contengan estas sustancias, incluidas las frutas y verduras ecológicas de su mercado local, tienda de comestibles o agricultor.

71. LA GUINDILLA MÁS PICANTE DE TODAS

El "Aliento de Dragón" es un chile tan picante que es definitivamente mortal. Si te comes uno, podría causarte un tipo de shock anafiláctico, quemando tus vías respiratorias y cerrándolas. "Lo probé en la punta de la lengua y me ardió increíblemente", dijo Mike Smith, el cultivador que inventó el Aliento de Dragón con científicos de la Universidad de Nottingham. Entonces, ¿por qué hacer un chile tan potente? Se desarrolló originalmente para ser utilizado en tratamientos médicos como anestésico que puede adormecer la piel.

72. LAS NARANJAS NO ERAN NARANJAS

Las naranjas originales del sudeste asiático eran un híbrido de mandarina y pomelo (un tipo de árbol frutal) y en realidad eran verdes. De hecho, las naranjas de las regiones más cálidas, como Vietnam y Tailandia, siguen estando verdes hasta que están completamente maduras. Para dar a las naranjas su característico color naranja, se las rocía con gas etileno, que tiene la característica de ser insípido e inodoro.

73. QUESO DE LOS FAMOSOS

The Food: Bigger Than the Plate, expuesta en el Victoria & Albert Museum de Londres, mostraba con orgullo cinco tipos de queso elaborados con microbios recogidos de las axilas, las orejas, las narices y los ombligos de los famosos británicos. Suggs, cantante del grupo Ska Madness, más conocido en Estados Unidos por su éxito "Our House", eligió ser inmortalizado como cheddar.

El objetivo del proyecto era cambiar la forma de pensar sobre los microbios. Independientemente de que se lograra el objetivo, la exposición cambió la forma de pensar sobre el queso.

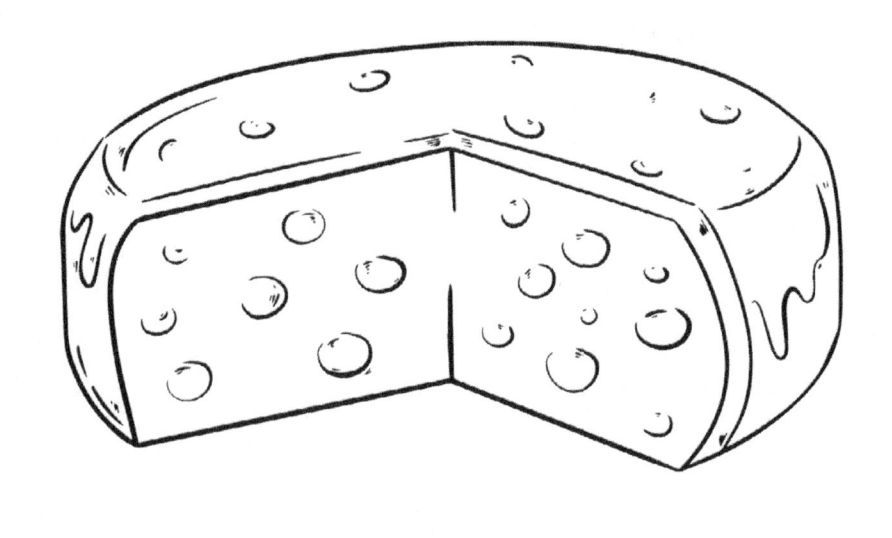

74. EL MUNDO DESPERDICIA ALREDEDOR DE 1 MILLONES DE TONELADAS DE ALIMENTOS TODOS LOS AÑOS

El despilfarro de alimentos es un problema enorme, pero ¿cómo de enorme? Unos 931 millones de toneladas. Esa es la cantidad de comida que se desperdició en 2019. Una encuesta realizada por la ONU en 54 países reveló que la mayor parte de los alimentos desperdiciados (61%) procede de los hogares, mientras que los restaurantes y otros servicios de alimentación producen el 26% de los alimentos desperdiciados. Las tiendas de comestibles, en cambio, sólo representan el 13% del desperdicio de alimentos.

75. LOS HIGOS TIENEN AVISPAS MUERTAS DENTRO

Quien siga una dieta estrictamente vegana debería eliminar los higos de su repertorio. Aunque los higos por sí solos son 100% fruta, a menudo incluyen insectos en su interior. Vegan Life explica que es probable que una avispa hembra se introduzca en el higo, atravesando una parte de la planta conocida como Calimyrna mientras intenta poner huevos. Finalmente, muere y es descompuesto por una enzima que digiere la proteína del interior del higo.

76. ¿CUÁNTA NUTELLA COMES?

El primer tarro de Nutella fue vendido en Alba, Piamonte, por Pietro Ferrero. La empresa Ferrero también creó otros dulces muy conocidos, como los Tic Tac's, el chocolate Kinder y el Ferrero Rocher. Con un extenso catálogo de golosinas, el inventor de la Nutella en el momento de su muerte, en 2015, había amasado una fortuna de 26.000 millones de dólares, lo que le convertía en el hombre más rico de Italia. No es de extrañar que la Nutella sea amada en todo el mundo. En todo el mundo se vende un tarro cada 2,5 segundos y cada año se vende suficiente crema de avellanas para rociar todo el planeta 1,8 veces. Esta misma cantidad pesaría tanto como el Empire State de Nueva York.

77. ALIMENTOS QUE NUNCA CADUCAN

La miel es el único alimento que nunca caduca: la misma miel que fue enterrada con los faraones en Egipto sigue siendo comestible. Como todos los países africanos, los egipcios valoraban tanto la miel que incluso la almacenaban en las tumbas de los faraones y, después de unos buenos 4000 años, cuando se abrieron los tarros de miel herméticamente cerrados, se descubrió que su contenido, aunque mutado, era comestible.

78. UN MUSEO PARTICULAR

En la ciudad belga de Brujas hay una atracción bastante singular: un museo de Patatas Fritas. El Museo Friet está repartido en 3 plantas diferentes y no, no tiene como único objetivo que los turistas prueben las patatas fritas. La primera parte del museo está completamente dedicada a la historia del tubérculo, luego hay una sección en la que se explica el proceso, desde la limpieza hasta la fritura, y finalmente un quiosco en el que se puede degustar el manjar. La particularidad de estas patatas fritas es que son muy crujientes y se fríen dos veces en total.

79. SUSHI QUE INSPIRA A LOS KIT KATS

Durante un tiempo limitado en 2017, la tienda Kit Kat Chocolatory de Tokio fabricó tres tipos de barritas de chocolate inspiradas en el sushi, pero que en realidad no sabían a pescado crudo. El sushi de atún era de frambuesa, el de algas sabía a pudín de calabaza y el de erizos de mar tenía el sabor del melón de Hokkaido con queso mascarpone. Todos estaban hechos con arroz inflado, chocolate blanco y un poco de wasabi.

80. CEREALES DE HIERRO

¿Sabía usted que los primeros cereales para el desayuno tenían que ser remojados durante la noche antes de poder ser consumidos? Probablemente cada mañana, cuando se te antoja tu cereal favorito, simplemente lo viertes en un tazón junto con un poco de leche y puedes desayunar de inmediato. Pero para comer los primeros cereales de desayuno envasados, creados en 1863, había que remojarlos en leche durante la noche para que fueran comestibles. Los cereales estaban hechos de harina integral que se había horneado en forma de torta, luego se desmenuzaba y se volvía a hornear. No es de extrañar que no tuviera un éxito inmediato.

81. CACAHUETES QUE SE CONVIERTEN EN DINAMITA

Por supuesto, los cacahuetes son un tentempié muy sabroso (siempre que no se sea alérgico a ellos). Pero, ¿sabías que también se pueden utilizar para fabricar dinamita? Una vez extraído, el aceite de cacahuete puede convertirse en glicerol, que a su vez puede producir nitroglicerina, una sustancia explosiva inestable utilizada en la dinamita. En un estado más seguro, la glicerina también se utiliza para jabones, cremas y diversos productos alimentarios.

82. ¿LA PIZZA MÁS CARA DEL MUNDO?

La pizza más cara del mundo fue inventada por un exitoso chef italiano, Renato Viola. ¿Su característica especial? Es una pizza que cuesta alrededor de 8300 euros y se llama 'Luigi XIII'.

La masa de la pizza se deja fermentar durante unas 72 horas, y luego se añaden ingredientes bastante extravagantes. Entre los ingredientes más inusuales se encuentran tres tipos diferentes de caviar, sal del río Murray, gambas rojas de Acciaroli, langosta de Palinuro, cigarra mediterránea y gotas de coñac de una serie limitada de botellas (Luigi XIII Remy Martin).

83. EL CÓDIGO DE MATRIZ PROVIENE DE LAS RECETAS DE SUSHI

Las tres películas de Matrix existentes se abren con la misma "lluvia digital": líneas verticales de código que recorren la pantalla para representar el entorno virtual en el que los humanos están atrapados sin saberlo. El hombre detrás del icónico código es Simon Whiteley, un productor y diseñador conceptual que reveló los orígenes del diseño en una entrevista de 2017 con Cnet. "Me gusta que todo el mundo sepa que el código Matrix está hecho con recetas de sushi japonesas", dijo, explicando que escaneó los caracteres de los libros de cocina japoneses que tenía su mujer. "Sin ese código, no hay Matrix".

84. EL RÉCORD DE LA PILA DE DONUTS MÁS ALTA

De casi metro y medio de altura, la pila en forma de pirámide estaba formada por 3.100 rosquillas. Según el Guinness World Records, la estructura se diseñó con una serie de programas informáticos diferentes para garantizar su integridad. Los organizadores que trabajaron en el proyecto contaron con la ayuda de un ingeniero civil y un arquitecto; finalmente llegaron a la conclusión de que una forma piramidal les daría la mejor combinación de estabilidad y altura.

85. QUESO QUE BATE RÉCORDS

El "Asinino Reggiano" es el primer queso del mundo elaborado exclusivamente con leche de burra. Hasta ahora, se pensaba que no era posible convertir la leche de burra en queso, ya que el líquido tendía a no coagularse. Es uno de los quesos más ricos en proteínas y bajos en grasa del mundo y las dificultades para su elaboración lo hacen inasequible para muchos (precio de 1000 euros el kg). Se calcula que se necesitan unos veinte litros de leche para un kilo de queso; lo que hace más difícil la cantidad que produce cada burra diariamente (sólo 2 decilitros de leche).

86. ¡MIEDO A LOS TOMATES!

Los europeos tenían miedo de comer tomates cuando se introdujeron por primera vez. Los estudiosos creen que Hernán Cortés trajo las semillas en 1519 con la intención de que los frutos se utilizaran como adornos de jardín. En el siglo XVII, los aristócratas empezaron a comer tomates, pero estaban convencidos de que los frutos eran venenosos porque la gente moría después de comerlos. De hecho, la acidez de los tomates sacaba a relucir el plomo de su vajilla de peltre (muy utilizada por las clases acomodadas de la época) y llegaron a morir por envenenamiento de plomo. Así que no se preocupe, los tomates son muy buenos para usted, pero no deben comerse en platos hechos de plomo.

87. LOS HUEVOS

¿Cómo saber si los huevos son frescos o no? ¡Con la prueba del huevo flotante! Las cáscaras de huevo son porosas. Esto significa que permiten que el aire se mueva a través de ellos. Cuando los huevos envejecen, toman aire y desarrollan una bolsa de aire. En general, se puede comprobar la frescura de un huevo colocándolo en una taza de agua. Si el huevo flota, indica que el huevo es viejo y tiene una gran bolsa de aire. Si se queda en el fondo, el huevo suele ser fresco y seguro para comer. Para estar más seguro de la frescura de un huevo, puedes olerlo antes de comerlo. Si huele a podrido, es mejor tirarlo.

88. ¿SE PUEDE SERVIR MÁS AGUA?

El Instituto Internacional de Gestión del Agua de Estocolmo ha publicado una interesante estadística: para cultivar 1 kg de tomates se necesitan 180 litros de agua. 1 kg de cebollas necesita 140 litros. 1790 litros para el trigo y 2380 litros para el arroz. En cambio, se necesitan 9.680 litros de agua para producir 1 kg de carne de vacuno y 3.689 litros para 1 kg de carne de cerdo. En conclusión, la relación de consumo de agua entre un carnívoro y un vegetariano sería de 5000 a 1200 litros.

89. VEGETARIANO

Todos lloramos en algún momento después de cortar una cebolla, pero ¿te has preguntado alguna vez por qué? Muchas plantas de la naturaleza han desarrollado diferentes métodos para protegerse de diversos depredadores e invitados no deseados, que son venenosos, que tienen espinas, etc. La cebolla, sin embargo, ha ido un paso más allá; en el proceso de crecimiento, esta planta tiende a absorber grandes cantidades de azufre y en el momento en que se corta una cebolla, se libera la alinasa. Este último es un gas irritante que se libera como resultado de las reacciones químicas que se producen en el mismo momento en que se corta la verdura. Un método eficaz para no llorar al cortar una cebolla es lavarla primero con agua fría y sólo después cortarla.

90. PERO ENTONCES NO ES UNA ESTAFA

¿Alguna vez te has preguntado al comer patatas fritas por qué había tanto aire dentro y tan pocas patatas fritas? En contra de lo que mucha gente piensa, no se hace para engañar a la gente ni para ganar más dinero. Como se colocan unos encima de otros tanto en el transporte como en el almacenamiento, el aire del interior de los paquetes sirve precisamente de bolsa de aire para que las patatas fritas no se aplasten ni se desmenucen. En el interior de los paquetes hay nitrógeno, que constituye aproximadamente el 78% de nuestra atmósfera y, por tanto, es muy seguro, pero si los fabricantes decidieran dejar el oxígeno dentro, las patatas fritas se ablandarían y el aceite se pondría rancio.

HISTORIA

91. LA PROFESIÓN MÁS ANTIGUA DEL MUNDO

Un estudio de cráneos de hace 7.500 a 9.000 años descubrió unos agujeros en los dientes que probablemente se hicieron con algún tipo de arco/taladro prehistórico. ¿Podría ser la obra del primer dentista? Otra investigación punzante realizada por la Universidad de Bolonia (Italia) sobre un cráneo de 14.000 años de antigüedad descubrió que un diente podrido de la mandíbula había sido raspado deliberadamente con una herramienta. Esto convierte a la odontología en una de las profesiones más antiguas de las que se tiene constancia, lo que sin duda es un motivo para sonreír.

92. LA INVENCIÓN DE LA PURPURINA

Según la tradición local, un hombre llamado Henry Ruschmann de Bernardsville, Nueva Jersey, inventó la purpurina por accidente en 1934 mientras trabajaba en un rancho. El New York Times informa de que, en la popular historia de origen, Ruschmann, un maquinista, intentaba encontrar una forma de eliminar el material de desecho rompiéndolo en pequeños trozos. El plástico entró, el brillo salió, y el resto es comúnmente aceptado como historia....

93. ¡FRANKENSTEIN ES VEGETARIANO!

Victor Frankenstein es un personaje de ficción de la obra Frankenstein de Mary Shelley. En la novela clásica, la criatura dice: "Mi comida no es la del hombre; no destruyo el cordero y el cabrito para saciar mi apetito; las bellotas y las bayas me dan suficiente alimento". Este es uno de los datos interesantes que deberías compartir con tus amigos vegetarianos.

94. EL PRESIDENTE-BARMAN

Probablemente sepa que el decimosexto presidente de los Estados Unidos luchó por la libertad de los esclavos y la Unión, pero lo que no sabía es que era un barman con licencia. La licencia de licor de Lincoln fue descubierta en 1930 y expuesta en una tienda de licores de Springfield. Según Wayne C. Temple, un experto en Lincoln, el Congreso quería despedir a Ulysses S. Grant en 1863 porque bebía mucho, y la respuesta de Lincoln fue enviar a Grant un suministro de whisky.

95. EL COCHE MÁS RÁPIDO DE LA HISTORIA

En 1938, el Mercedes-Benz W125 alcanzó una velocidad máxima de 432,59 km/h, ganando el récord del vehículo terrestre más rápido de la historia. Este título se mantuvo durante 80 años hasta que fue batido por el Koenigsegg Agera RS en 2018, que rozó los 447,19 km/h. Pero la cosa no acaba ahí. El 10 de octubre de 2020, el SSC Tuatara volvió a batir este récord, rozando los 532,93 km/h, convirtiéndose oficialmente en el coche más rápido de la historia. ¿Conseguirán otros vehículos batir este récord?

96. GAFAS DE SOL

Hoy en día, las gafas de sol sirven como gafas protectoras, evitando eficazmente que la luz del sol cause molestias o daños a nuestros ojos. Por supuesto, también son un accesorio de moda. Pero estos accesorios, ahora comunes, fueron diseñados originalmente para que los jueces chinos (en la China del siglo XII) enmascararan sus expresiones faciales dadas por las emociones al interrogar a los testigos.

97. EL COMERCIO DEL "DESPERTADOR"

En los años 30, se contrataba a personas para que llamaran a las puertas de los trabajadores cada mañana para que no llegaran tarde al trabajo. Si los trabajadores vivían en pisos superiores, los despertadores disparaban guisantes secos a través de pajitas a sus ventanas. Si, por el contrario, vivían en los pisos inferiores, los golpeaban con un palo para que el sonido fuera más desagradable y así despertarlos. Esta profesión tuvo mucho éxito en Gran Bretaña e Irlanda porque, aunque ya existían los despertadores, la clase trabajadora no podía permitírselos.

98. ¿QUÉ EDAD TIENE "NINTENDO"?

Cuando hablas de Nintendo, probablemente te refieras a las consolas de videojuegos con las que creciste: Super Nintendo, Game Boy, Wii y, más recientemente, Nintendo Switch. Pero la empresa de juegos puede ser más antigua de lo que crees: de hecho, fue fundada por Fusajiro Yamauchi en 1889. Por supuesto, la empresa que fundó Yamauchi hace más de 130 años no tenía nada que ver con la Nintendo que conocemos hoy. La Nintendo original sólo vendía naipes y sufrió varios cambios importantes a lo largo de las décadas, hasta que en 1970 la empresa empezó a diversificarse con los videojuegos.

99. LOS ZAPATOS DE LOS GIGANTES

Algunos modelos de zapatos priorizan el estilo sobre la comodidad y esto parecía ser cierto en la época medieval. A finales del siglo XIV y principios del XV, los zapatos podían llegar a medir hasta dos pies (casi 61 centímetros). Las puntas de los zapatos solían estar rellenas de pelo, lana, musgo o hierba.

100. EL NACIMIENTO DEL RÉCORD MUNDIAL GUINNESS

La historia oficial sobre el origen del Libro Guinness de los Récords, el libro anual que cataloga todos los récords del mundo, es que se creó para resolver una discusión en un bar: se discutía cuál de los urogallos dorados y rojos era el ave de caza más rápida de Europa. Uno de los interlocutores, Sir Hugh Beaver, director general de Guinness, señaló que la respuesta era difícil de encontrar en los libros de referencia. Así que creó uno para resolver este tipo de argumentos triviales y el Libro Guinness de los Récords nació en 1955.

101. EL ARCHIMIME

En la antigua Roma, el luto por la muerte de alguien incluía un interesante ritual. Durante el funeral, se celebra una procesión en la que el cuerpo del fallecido desfila por las calles seguido por los dolientes y los músicos y por alguien llamado "Archimime". El Archimime era un tipo de bufón cuya tarea consistía en imitar la versión viva de la persona muerta, imitando sus gestos y otros manierismos reconocibles.

102. EL AVIÓN DESAPARECIDO

Cuando un avión de pasajeros de Malaysia Airlines desapareció sin dejar rastro a principios de 2014, el destino del avión, y de los 239 pasajeros y tripulantes a bordo, se convirtió en uno de los mayores misterios de la aviación de la historia. El avión desaparecido captó la atención de millones de personas en todo el mundo, lo que desencadenó una búsqueda multinacional y un montón de teorías sobre la posible conspiración. Durante años fue un misterio sin resolver hasta que en julio de 2019 se encontró el avión en el océano Atlántico y se especuló que el propio piloto quiso estrellarse en las aguas.

103. LA BOTELLA DE VINO DEL SIGLO IV

La Römerwein, o botella de vino de Speyer, es una jarra de vidrio de 1,5 litros encontrada en la tumba de un noble romano en Alemania y data de entre el 325 y el 359 d.C., lo que hace que tenga al menos 1.650 años. Nadie conoce el olor o el sabor de este vino, ya que nunca se ha abierto, pues los científicos no pueden predecir cómo reaccionaría una vez expuesto al aire. Además, si se abriera la botella, también existe el peligro de que se haya vuelto venenosa después de todo este tiempo, aunque los científicos sospechan que el alcohol no sería peligroso, sólo repugnante.

104. EL LUGAR MÁS CALIENTE DEL MUNDO

En concreto, el punto más caliente jamás registrado en la Tierra se encuentra en El Azizia, Libia, donde se registró una temperatura de 58 grados el 3 de septiembre de 1922. Aunque hay muchos otros lugares del planeta donde el clima puede alcanzar temperaturas infernales, ésta es la temperatura más alta jamás registrada formalmente por una estación meteorológica.

105. BEBE VINO Y SALVA UNA CIUDAD

Según una leyenda, durante la Guerra de los Treinta Años un ejército católico quiso destruir Rothenburg ob der Tauber, una ciudad alemana, por resistirse al Conde de Tilly. Tilly anunció que si alguien era capaz de beber más de tres litros y cuarto de vino de una sola vez, perdonaría al pueblo. Ese día, el alcalde local salvó al pueblo al tener éxito en su misión.

106. NUNCA UNA ALEGRÍA

El inventor del dispositivo de microondas sólo recibió 2 dólares por su descubrimiento. Percy Spencer trabajaba como investigador para la American Appliance Company (ahora Raytheon) cuando observó que un radar que utilizaba ondas electromagnéticas derretía la tableta de chocolate que llevaba en el bolsillo. Tuvo la idea de fabricar una caja metálica que utilizara microondas para calentar la comida, pero no fue él sino la empresa la que presentó la patente. Eso fue en 1945 y recibió una bonificación de 2 dólares, pero nunca ninguna ganancia por su invento.

107. LA PRIMERA CRISIS FINANCIERA

¿Sabías que en 1637 se produjo la primera gran crisis financiera debido a las actividades especulativas en.... tulipanes. En aquella época, las variedades de tulipanes muy raras eran muy codiciadas por la alta burguesía holandesa. En pocas décadas, la demanda pronto superó a la oferta, lo que provocó un aumento continuo de los precios. En aquella época, los Países Bajos eran uno de los países más potentes desde el punto de vista económico e industrial y la mejora de las condiciones de la población provocó una demanda cada vez mayor de esta flor. Los precios estaban tan inflados que algunas personas vendieron sus propiedades para comprar bulbos de tulipán y revenderlos a precios más altos en los meses siguientes. El acontecimiento que provocó el estallido de la burbuja financiera fue la famosa subasta de Haarlem, en la que participaron muy pocas personas. Los inversores en tulipanes, pensando que ya no había mucho interés en estas flores, empezaron a vender los bulbos en masa, haciendo que los precios cayeran en picado.

108. SOMOS MEJORES QUE LOS CABALLOS

Los humanos han saltado más lejos que los caballos en las Olimpiadas. El récord mundial olímpico de salto de longitud humano es mayor que el récord mundial de salto de longitud a caballo. Mike Powell estableció el récord en 1991 saltando 8,95 metros y el caballo Extra Dry estableció el récord en 1900 saltando 6,10 metros.

109. EL MAYOR MISTERIO DE LA HISTORIA

En el verano de 1518, se produjo en Estrasburgo un acontecimiento único en la historia que nunca más se repitió: la peste de las danzas. Se llamaba así porque había que bailar. Al parecer, en julio de 1518, una mujer salió a la calle y comenzó a bailar continuamente y en poco tiempo había cientos de personas bailando en las calles. Hasta aquí nada extraño, salvo que de las crónicas se desprende que muchos de estos bailarines improvisados no querían bailar y pedían ayuda, pero no podían parar. Hasta que la gente (especialmente los pusilánimes) empezó a morir y muchos bailarines agotados fueron llevados a santuarios donde fueron curados. Este fue uno de los primeros fenómenos de histeria colectiva.

110. EL IMPERIO MÁS FUERTE QUE EL HOMBRE HAYA VISTO JAMÁS

El Imperio Británico fue el mayor imperio de la historia del mundo. Los británicos alcanzaron su máximo poder en la década de 1920, momento en el que el imperio controlaba el 23% de la población mundial y casi 35 millones de kilómetros cuadrados de territorio; casi una cuarta parte de la superficie terrestre.

111. LOS POLLOS SAGRADOS DE LA ANTIGUA ROMA

Para los antiguos romanos, ganar en la batalla lo era todo. Se cree que muchos líderes romanos se basaron en ... pollos antes de decidir si luchar o no. Si éstos comían el grano que se les daba, se consideraba un buen presagio de victoria. Si esto no ocurriera, la batalla se pospondría. Publio Clodio Pulcher fue un político de la época que se opuso a la respuesta dada por las gallinas, yendo a la batalla a pesar de los signos adversos. Roma sufrió una humillante derrota en esa batalla.

112. MURIENDO POR UNA... CACA

A menudo se elogia la eficacia de los soldados alemanes en la Segunda Guerra Mundial. Los temibles submarinos alemanes también eran muy avanzados, conocidos como "U-Boats" eran muy temidos por los barcos británicos y estadounidenses. En comparación con los submarinos británicos, tenían la gran ventaja de que podían descargar todos sus gases de escape directamente en el mar, lo que los hacía mucho más ligeros y maniobrables.

En 1945, este complejo sistema de descargas había alcanzado tal nivel de complejidad que se necesitaba un técnico especializado a bordo de cada U-Boat. Karl-Adolf Schlitt (capitán de un U-Boat) decidió averiguar por su cuenta cómo funcionaba este sistema y, tras accionar la válvula equivocada, el submarino empezó a hacer agua hasta hundirse.

113. DOS MEDALLAS, DOS NACIONES, UN HOMBRE

Joan Paul García fue un agente secreto en la Segunda Guerra Mundial que, tras ser rechazado por los aliados, se ofreció a los nazis como agente secreto. Unos años más tarde fue llamado por los aliados y aceptó. Durante la guerra trabajó para los británicos y los alemanes. Recibió la "Cruz de Hierro" de Alemania y el título de la "Excelentísima Orden" del Imperio Británico.

114. DAME UN SEGUNDO

2008 duró un segundo más que otros años. De hecho, en ese año pasamos de 23,59 y 59' a 23,59 y 60'. Todo ello se debe al organismo internacional que rige estas cuestiones: "el Servicio Internacional de Rotación de la Tierra y Sistemas de Referencia", que se encarga de regir el clima en nuestro planeta.

Tanto en 2008 como en 2005, el organismo decidió añadir un segundo para igualar el tiempo astronómico (que puede fluctuar ligeramente debido a las rotaciones de la Tierra) con el tiempo atómico (el de los relojes).

115. ACCIDENTES

En la lista de las muertes más absurdas de la historia no puede faltar la del ateniense Esquilo. Vivió en el año 400 a.C. y murió precisamente por culpa de un águila indiferente. Mientras Esquilo caminaba, un águila pasó por encima de su cabeza con una tortuga en sus garras. El ave de rapiña no acertó con la tortuga, que golpeó al desafortunado hombre, causándole la muerte al instante. Una historia bastante insólita y desafortunada, siempre hay que tener cuidado con lo que hay sobre nuestras cabezas.

116. SOLO DOS GOTAS

Según un estudio realizado por investigadores de la Universidad de Columbia sobre árboles milenarios, los veranos de 1314-15 y 16 en Europa fueron de los más húmedos de la historia. Fueron tres de los años más lluviosos de la historia, y se produjo una enorme hambruna que hizo que los precios de varios alimentos se triplicaran. Incluso se cree que en 1315 llovió continuamente desde abril hasta noviembre, causando un gran número de muertes.

117. BUENO ESTE ESPUMANTE

Se cree que las botellas de vino espumoso viajaban de Alemania a Rusia durante el siglo XIX cuando se hundieron en el fondo del mar, según New Scientist. Resulta que el fondo marino es un lugar ideal para el envejecimiento del vino, sobre todo por las bajas temperaturas (se calcula que las temperaturas en el fondo del mar son de entre 2 y 4 grados). Estas botellas fueron abiertas y degustadas por expertos que dijeron que, para haber estado tanto tiempo en el fondo del mar, no estaban nada mal.

118. LA PISTA DEL COCHE EN EL TECHO

La construcción del "Lingotto" en la Via Nizza de Turín comenzó en 1916. Inicialmente albergaba la sede de Fiat, lo que la convertía en la mayor fábrica de automóviles de la época. Todo el edificio consta de oficinas, talleres de clasificación, departamento de hornos automáticos y departamento de preparación de chasis, repartidos en un total de cinco plantas diferentes. La particularidad del lugar es que al principio había una pista real en el techo de la fábrica para probar los distintos coches antes de sacarlos al mercado.

119. ¿CIRUELAS O QUESO?

Decimos "quesos" porque la palabra nos deja una gran sonrisa en la cara, pero si los victorianos vieran nuestras expresiones alegres, se escandalizarían: antaño, sonreír en las fotos se consideraba indigno y estaba reservado sólo para los pobres y los borrachos. Para mantener un aspecto más serio en sus fotos, decían "ciruelas", una palabra tan aburrida que la probabilidad de tener una sonrisa en la cara era casi inexistente.

120. UNAS HORAS DE VIAJE

En 2017, un tren de mercancías llegó por primera vez desde China a Inglaterra. El viaje duró unos 18 días, durante los cuales el tren pasó por Kazajstán, Rusia, Bielorrusia, Polonia, Alemania, Bélgica y Francia, para luego atravesar el túnel del Canal de la Mancha. Por el momento, la ruta está reservada únicamente para fines comerciales, pero ya se está estudiando la posibilidad de habilitarla para fines turísticos. En contra de lo que se podría pensar, el servicio es mucho más rápido que el comercio marítimo y cuesta mucho menos que el aéreo.

121. ¡SOLO 2 AÑOS DE TRABAJO!

La longitud de la Gran Muralla China es de más de 20000 km. Construida inicialmente para defender toda la parte occidental del reino, fue ampliada posteriormente y se instalaron varias conexiones entre las distintas murallas. La obra no se completó de una sola vez, sino que hubo varias fases en las que los distintos emperadores chinos se dedicaron a otras cosas. Los chinos tardaron más de 2.300 años en construirla en su totalidad, desde el 770 a.C. hasta el siglo XVII.

122. NO PUEDES ENTENDERME

El artista italiano Leonardo Da Vinci escribió muchas de sus notas personales con una letra de espejo. Según algunos rumores, todos sus escritos fueron redactados de derecha a izquierda, ya que quería proteger sus ideas e inventos de la Iglesia Católica Romana. Otra explicación es que Leonardo era zurdo, por lo que era más rápido y eficaz escribir de derecha a izquierda.

HECHOS EXTRANJEROS

123. PAGAR POR LOS ABRAZOS

Los abrazos tienen muchos beneficios para la salud mental y física, por lo que tiene sentido que la gente esté dispuesta a pagar por un abrazo de nivel profesional. Según la CNBC, en Cuddle Up To Me, un club de salud con sede en Portland, las sesiones costaban hasta 80 dólares la hora y solían durar entre 90 minutos y tres horas. Los mimos a tiempo completo son expertos en proporcionar un contacto físico que ofrezca confort sin sobrepasar ciertos límites.

124. UN KILLER UNUSUAL

Los expertos estiman que, entre 1979 y 2018, las olas de calor se cobraron más vidas que los huracanes, los tornados y las inundaciones. El calor parece haber causado al menos 11.000 muertes en total durante estos cuarenta años y la cifra es seguramente una estimación a la baja del número real de muertes. La OMM también estima con un 90% de probabilidad que un verano entre 2022 y 2025 se convierta en el año más caluroso desde que el hombre comenzó a registrar las temperaturas.

125. ¡INEMURI! DORMIR MIENTRAS SE ESTÁ PRESENTE

En Japón, dormir durante una conferencia, en el trabajo o en un restaurante se considera un mérito. Esta práctica se denomina "Inemuri" y está vinculada a una filosofía japonesa que consiste en hacer muchas cosas a la vez pero a baja intensidad. Según esta filosofía, los que practican el inemuri demuestran que son personas que dedican mucho tiempo, se sacrifican y acumulan así muchas horas de sueño.

126. 116 CLAVOS DENTRO DEL ESTÓMAGO

Cuando Bhola Shankar, un hombre de 43 años, acudió a un hospital del noroeste de la India porque sufría dolores abdominales, los médicos le encontraron 116 clavos en el estómago, cada uno de 6 centímetros de largo. Afortunadamente, ninguno de los clavos había dañado su estómago y el personal médico pudo extraerlos con éxito. La razón de este absurdo puede haber sido el resultado de la pica: un trastorno del comportamiento caracterizado por la ingestión continua de sustancias sin valor nutritivo, como tierra, pelo, madera, arena y metal.

127. EL MISTERIO DE LA ISLA PERDIDA

En la parte del Océano Pacífico situada entre Australia y Nueva Zelanda (Mar del Coral), se identificó en Google Earth una isla llamada "Sandy Island" de la que nunca hubo realmente ningún rastro. Tras años de investigación, se descubrió que esta isla era simplemente un error humano y que nunca existió realmente. Sin embargo, todo parece bastante extraño, ya que a partir de los mapas se estimó que la isla tenía aproximadamente 82 km2.

128. HECHOS EXTRAÑOS DE LA HISTORIA

En Japón, todavía existe una práctica llamada "Ohaguro", que consiste en teñirse los dientes de negro. Sin embargo, es una práctica que no está tan extendida como en los años 1600-1800, en los que era un auténtico "must" para las mujeres.

En la cultura oriental, los dientes negros como el carbón indicaban riqueza, buena salud y encanto. Los dientes se pintaban varias veces a la semana y la tinta que se utilizaba también tenía un efecto retardador sobre las caries y las infecciones dentales en general.

129. NO GRITE

Alex Stepney, el histórico portero del Manchester United, sufrió una de las lesiones más extrañas de la historia del fútbol. Como buen británico y con buen temperamento, no solía escatimar en el terreno de juego, hasta el punto de que en un partido contra el Birmingham se lesionó de forma inusual. Llamó la atención de sus compañeros tan fuerte que, de alguna manera, consiguió dislocarse la mandíbula y tuvo que abandonar el campo inmediatamente.

130. BIEN, TE LLEVARÉ.

Señoras y señores, he aquí el deporte más extraño del mundo: llevar a la esposa. La competición se celebra cada año a principios de julio, y la carrera consiste en un recorrido de obstáculos de unos 250 metros en el que los corredores tienen que llevar a sus cónyuges a hombros por encima de barreras y charcos de agua.

¿El premio? Además de la gloria eterna, el ganador de la carrera recibe el peso de su esposa en cerveza. Seguramente le bastará con eso durante un tiempo.

134. TAL VEZ NO LO SABÍAS

Cada verano se celebra en Finlandia un campeonato mundial bastante peculiar: el Concurso Mundial de Pedos. Hay una clasificación real con jueces que evalúan los distintos pedos de los participantes. El récord invicto hasta la fecha pertenece a Alex Pavlov, que registró el pedo más fuerte de la historia: 88,4 decibelios. Para que te hagas una idea de lo fuerte que es el pedo de Alex, ten en cuenta que la exposición prolongada a sonidos con decibelios superiores a 85 puede provocar daños auditivos. Según los expertos, 88,4 decibelios equivalen aproximadamente al sonido producido por muchas personas hablando en un restaurante, lo que hace que el récord sea aún más asombroso. ¿Quién sabe cuántas judías habrá comido el concursante?

135. EL MODERNO ROBIN HOOD

Gilberto Baschiera, banquero italiano, es considerado un Robin Hood moderno. A lo largo de 7 años, desvió secretamente 1 millón de euros a clientes más pobres de los ricos para que pudieran beneficiarse de los préstamos. No obtuvo beneficios y evitó la cárcel en 2018 gracias a un acuerdo de culpabilidad

136. EL HOMBRE QUE DUERME 300 DÍAS AL AÑO

Purkharam, de 42 años, residente en el pueblo de Bhadwa, padece un raro trastorno conocido como "hipersomnia". Mientras que la mayoría de la gente suele dormir entre seis y ocho horas al día, Purkharam duerme 25 días seguidos. Debido a su condición, sólo puede trabajar en su tienda de comestibles cinco días al mes, porque una vez que está dormido, le resulta difícil despertarse. Los miembros de la familia tienen que alimentarle y lavarle mientras duerme y puede ocurrir que se quede dormido mientras está trabajando. Purkharam dijo que, a pesar del tratamiento y del exceso de sueño, su cuerpo está fatigado la mayor parte del tiempo. La esposa de Purkharam y su madre esperan que se recupere pronto y pueda llevar una vida normal.

137. LLORÓNES

Aunque la mayoría de los padres hacen todo lo posible para evitar que sus bebés lloren, hay una tradición en Japón que le dejará sin palabras. Se remonta a unos 400 años atrás y afirma que si un luchador de sumo hace llorar a su bebé, éste tendrá una vida sana. A continuación, durante una ceremonia especial, los padres entregan a sus hijos a los luchadores de sumo, que hacen todo lo posible para que las lágrimas corran por los rostros de los pequeños.

138. ¡ESA OBRA ES FALSA!

Una de las muchas formas de averiguar si un cuadro es falso es analizar los isótopos presentes: tras la explosión nuclear de 1945, todos los cuadros producidos contienen los isótopos estroncio-90 y cesio-137, que no estaban presentes en la naturaleza antes del desastre.

139. SANTA CLAUS TIENE LICENCIA DE PILOTO

¡No está volando sin ninguna autoridad! En 1927, Saint Nick obtuvo una licencia de piloto del Subsecretario de Comercio para Aeronáutica, William P. MacCracken. Según la Biblioteca del Congreso (la biblioteca nacional de los Estados Unidos de América), Papá Noel recibió la licencia con mapas de las vías aéreas y la garantía de que se encenderán luces en estas vías en Nochebuena.

140. FORTNITE COMO TAREA DE CLASE

En 2018, dos estudiantes del Tippecanoe High School de Ohio (Estados Unidos) hicieron una propuesta a su profesor: si conseguían conseguir 6.700 retweets en una foto pidiendo un cambio en el tema de la tarea, las preguntas serían exclusivamente sobre el juego Fortnite. La publicación en Twitter se hizo viral y los chicos consiguieron 30.000 interacciones. El profesor hizo honor a su palabra y organizó un examen totalmente basado en el juego.

141. SÍNDROME DE ALICIA EN EL PAÍS DE LAS MARAVILLAS

El síndrome de Alicia en el País de las Maravillas es una condición que hace que las personas se sientan más grandes o más pequeñas de lo que realmente son. Cualquiera que conozca la historia de Alicia en el País de las Maravillas conoce los momentos mágicos en los que el personaje central se encoge y crece de tamaño. Y aunque los que padecen el raro síndrome de Alicia en el País de las Maravillas no cambian de forma, tienen episodios temporales que les hacen sentirse más grandes o más pequeños. Los límites de la percepción distorsionada también pueden hacer que parezca que las cosas a su alrededor se alejan o se acercan.

CURIOSIDADES DEL MUNDO

142. EL LUGAR MÁS LARGO DEL MUNDO

Los habitantes de Mamungkukumpurangkuntjunya Hill, Australia, necesitan un poco de paciencia a la hora de aprender a escribir el nombre de su ciudad natal. ¿Pero sabes qué? También lo hacen los habitantes del lago Chargoggagoggman-chauggagoggchaubunagungamaugg en Massachusetts y Tweebuffelsmeteen-skootmorsdoodgeskietfontein Sudáfrica. Ninguno de ellos tiene mucho trabajo cuando escribe su dirección, pero nunca tanto como los que viven en Taumatawhakatangihanga-koauotamateripukakapikimaung-ahoronukupokaiwhenuakitanatahu en Nueva Zelanda. Con 85 letras, es el topónimo más largo del mundo.

143. MÁS DE 7.000 MILLONES PERO MENOS DEL 7%.

Según el Population Reference Bureau, desde que el Homo sapiens entró en escena hace 50.000 años, han nacido más de 108.000 millones de miembros de nuestra especie. Y gran parte de ese número sigue vivo. Según la Oficina, el número de personas vivas en la actualidad representa la friolera de un 7% del total de seres humanos que han existido.

144. LA PEQUEÑA PARIS

Cerca de las afueras de Hangzhou (China) se levanta lo que los lugareños llaman "Pequeño París", un proyecto de viviendas de lujo que es una proeza arquitectónica y de ingeniería. En el interior de Little Paris se encuentra una réplica de la Torre Eiffel que, a pesar de tener un tercio del tamaño de la Torre de París, sigue siendo la segunda réplica más grande del mundo después del Hotel París Las Vegas, en Las Vegas. Pero la cosa no acaba ahí: también están el Arco del Triunfo, los Campos Elíseos, una fuente en los Jardines de Luxemburgo e incluso versiones de los edificios neoclásicos de color crema que bordean los bulevares de la capital francesa.

145. SE PUEDE CAMINAR ENTRE RUSIA Y ALASKA

Entre Rusia y Alaska se encuentra el estrecho de Bering, que con 3,8 km es el punto más corto entre ambos países. Cuando este tramo se congela en invierno, ¡se puede cruzar incluso a pie! Sin embargo, que sea posible no significa que sea legal. En 2006, dos aventureros partieron de Alaska para cruzar a pie el camino helado. Cruzaron 90 km en 15 días antes de ser detenidos en Rusia por violar las leyes de inmigración.

146. EL FOOT WRESTLING

La lucha a pie comenzó en 1970 en Inglaterra con la idea de que era un deporte en el que los británicos podían destacar… ¡luego un canadiense ganó la primera competición! En este deporte, los contrincantes se sientan en el suelo descalzos bloqueando el pie del otro. A continuación, intentan inmovilizar el pie del otro luchando en una arena de madera. Podría parecer que la lucha a pie no es tan desafiante, pero como cualquier otro deporte, se vuelve difícil. A los luchadores les puede ocurrir terminar la competición con grandes magulladuras o incluso romperse un pie.

147. LAS OLIMPIADAS DEL BARRO

El sitio web oficial de este increíble evento plantea una pregunta muy relevante: ¿por qué la gente pagaría por ensuciarse? Aparentemente, hay dos razones: la diversión y la caridad. Introducidas hace más de una década, estas olimpiadas tan especiales se celebran en Brunsbuettel (Alemania) y tienen como objetivo apoyar a los pacientes de cáncer y a sus familias. Más de cuarenta equipos de toda Alemania y de los países vecinos compiten en fútbol, voleibol, balonmano y carreras especiales de trineos de barro, que son ciertamente divertidas de ver.

148. EL TÚNEL SUBMARINO MÁS LARGO DEL MUNDO

El puente de Øresund es una ruta de carretera y ferrocarril de unos 16 km, de los cuales unos 4 km están bajo el océano. El proyecto costó 3.000 millones de euros y se inauguró en 2000 con el objetivo de agilizar la conexión entre las ciudades de Copenhague (Dinamarca) y Malmö (Suecia). Los pilones de 200 metros de altura también permiten mantener inalterada la navegabilidad que caracteriza a esta ruta entre los dos países.

149. YACIENDO EN ATAÚDES

Dondequiera que uno se mueva, el féretro siempre es visto como un símbolo de luto. Sin embargo, en algunos casos, puede convertirse en un símbolo de buena fortuna y buena suerte, y es precisamente en este principio en el que se basa la ceremonia celebrada en el templo budista de Wat Takhian, en Tailandia. Durante este ritual, los fieles se acuestan en ataúdes para rezar, creyendo que esto puede alejar la mala suerte y otorgar longevidad. Además, todos los participantes en el servicio están "conectados" entre sí a través de una red de cintas y cuerdas, que sirve para amplificar el poder de la oración.

150. PALABRA DE 3 HORAS Y MEDIO

La palabra inglesa más larga tiene 189.819 letras, sí, has leído bien. No lo citaremos aquí, pero el nombre completo de la proteína apodada titin nos llevaría tres horas y media pronunciarlo en voz alta. Aunque ésta es, con mucho, la palabra más larga del inglés, la palabra más larga del Diccionario de Inglés de Oxford tiene 45 letras y la palabra inventada más larga sólo tiene 28.

151. LAS CABEZAS EN LA ISLA DE PASCUA TAMBIÉN TIENEN CUERPOS

Muchos conocen las emblemáticas cabezas de piedra que sobresalen de la tierra en la Isla de Pascua. Pero no todo el mundo sabe lo que hay debajo de la superficie. Alrededor de 1910, los arqueólogos que estudiaban los cientos de estatuas de piedra de la isla del Pacífico excavaron alrededor de dos de las figuras y descubrieron bustos completos, que medían hasta 3 metros.

152. EL NÚMERO 12000

Las probabilidades de que un golfista meta la bola en el hoyo con un solo golpe son de 1 entre 12000. Cada año, entre 12.000 y 15.000 bicicletas quedan "atrapadas" en los canales de Ámsterdam, ya sea porque los turistas las tiran o porque se les caen sin querer. Hay unas 12.000 especies de hormigas en el mundo. Un colibrí puede batir sus alas unas 300 veces por segundo o 12000 veces por minuto. La capital administrativa de Bolivia (La Paz) tiene la mayor altitud del mundo: 3.600 metros (unos 12.000 pies). En contra de la creencia popular, las temperaturas en la ciudad son mucho más altas de lo que podríamos pensar.

153. LLEGO PRIMERO Y...

El peso de las medallas olímpicas oscila entre 493 y 586 gramos. Hasta ahora no hay nada que pueda sorprender, lo sabemos. Sin embargo, ¿sabía que la medalla de oro de los Juegos Olímpicos está compuesta por un 99,9% de plata pura y sólo 6 gramos de oro? Su valor ronda los 500 euros y, según los cálculos de Forbes, si fuera realmente de oro macizo valdría unos 2.000 euros. Mientras que las medallas de plata y bronce tienen un valor de 270 y 5 euros respectivamente.

154. PADRES VALIENTES Y DÓNDE ENCONTRARLOS

La persona más joven que ha escalado la montaña más alta del mundo es el estadounidense Jordan Romero, de 13 años (sí, ha leído bien). Para el ascenso al Everest le acompañaron tres sherpas, su madrastra y su padre (ambos alpinistas profesionales). En diciembre de 2011, con solo 15 años, logró otro récord al convertirse en el alpinista más joven en completar las "Siete Cumbres", es decir, las 7 montañas más altas de cada uno de los continentes.

155. UNA CIUDAD ABANDONADA AL ESTILO DE DISNEY

Es el resultado de una inversión fallida. Se llama Villa Burj Al Babas y es una villa residencial planificada en el noroeste de Turquía. 732 viviendas de lujo (a medio camino entre los castillos franceses y los de Disney) todas iguales, dispuestas en ordenadas filas. El plan inicial era construir un pueblo con viviendas de prestigio inspiradas en los castillos del Loira. Sin embargo, algo salió mal y el proyecto se quedó sin fondos. Desde entonces, se la conoce como "la ciudad fantasma".

156. PERO POR QUÉ....

¿Sabe cuál es el tipo de pasta de dientes más exclusivo y lujoso del mundo? El Theodent 300. Su propósito es fortalecer y enriquecer nuestros dientes con minerales a través de un ingrediente único: Rennou. Este ingrediente es un derivado del cacao y es bastante complejo de extraer, además está cubierto por una patente así que no creas que puedes hacerlo tú mismo en casa y luego revenderlo. El coste del producto es de más de 100 euros, sí, me has oído bien, más de 100 euros por un solo tubo. Imagina que se te cae un poco de esta pasta de dientes en el fregadero...

157. RELOJES DESPERTADORES UN TANTO INUSUALES

Levi Hutchins inventó el primer reloj despertador real en 1787, que no tenía ningún propósito comercial, sino que sólo lo utilizaba él. ¿La peculiaridad? Este despertador sólo podía sonar a las 4 de la mañana. En 1851 se inventó otro despertador un poco más peculiar y menos agradable: se trataba de un mecanismo que se introducía bajo la cama y que, una vez activado, inclinaba la cama 45o, lanzando al desafortunado al suelo. ¿Eficacia? 100%.

158. ¿DE QUÉ ESTÁ HECHO EL PEGAMENTO?

El pegamento real es un material de origen biológico que se obtiene mediante la ebullición prolongada de partes de animales, como los huesos o la piel. Estas piezas contienen una sustancia llamada colágeno, que sufre una reacción química (hidrólisis) a través de la ebullición, dando lugar a diferentes tipos de sustancias gelatinosas con propiedades adhesivas. En América del Norte, el pueblo Pellirosse obtenía la cola de las pezuñas de los bisontes. Hoy en día, la mayoría de las colas que se comercializan proceden de los residuos de los mataderos, es decir, se obtienen procesando lo que no comemos de animales como el ganado vacuno, las ovejas y los caballos.

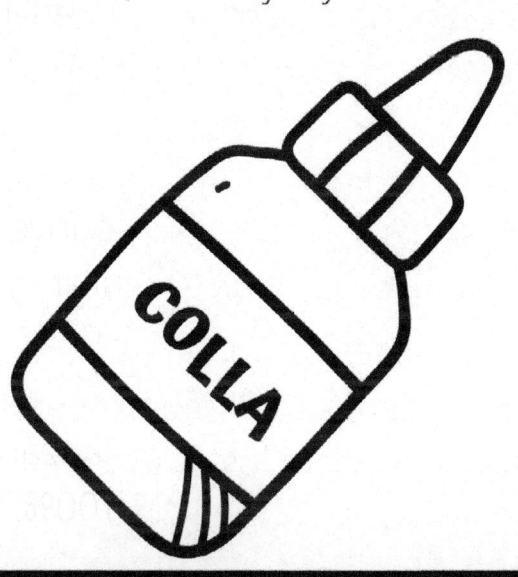

159. LA CIUDAD SIN CARRETERAS

Venecia no es la única ciudad en la que se viaja principalmente en barco. En el pueblo de Giethoorn, en los Países Bajos, no hay carreteras, sólo caminos y más de 6 km de canales. El pintoresco pueblo está lleno de casas de campo y rodeado de altos árboles; ¡como en un cuento de hadas! Los visitantes pueden recorrer el hermoso barrio en kayak o ir en bicicleta por los senderos.

160. LA MAYORÍA DE LAS GENTE DE ISLANDIA CREE EN LOS ELVES

Una encuesta realizada en 2007 por la Universidad de Islandia reveló que el 62% de los islandeses cree en los elfos. De hecho, en 2014, algunos manifestantes afirmaron que la construcción de una carretera destruiría una "iglesia de duendes", que para muchos no era más que una roca gigante. Finalmente, la "iglesia" fue trasladada a un lugar seguro para que no sufriera daños y la construcción de la carretera continuó. Aunque la roca pesaba 70 toneladas y se necesitó una grúa para moverla, la conservación de lugares importantes para los elfos es significativa para los islandeses.

161. ENCENDEDOR DE LA ESTUFA

Algunas partes de Canadá pueden alcanzar temperaturas sin precedentes durante el invierno. En una medición del 3 de febrero de 1947, se registró una temperatura de -63° celcius en el territorio de Yukón. A modo de comparación, la temperatura media en Marte es de -55° con mínimas de -140° y máximas de 20° sobre cero. Si se pregunta por la temperatura más fría jamás registrada en nuestro planeta, es la de Vostok, en la Antártida. El 21 de julio de 1982, la temperatura más baja jamás registrada por el hombre fue de -89,2o.

162. LA REINA ELIZABETH CONDUCE SIN LICENCIA

Según la legislación británica, la Reina no necesita un permiso de conducir porque los permisos se expiden a su nombre. Como parte de los poderes o derechos discrecionales de los que sólo goza la soberana, está excluida de los reglamentos y leyes que rigen la carretera. La Reina nunca ha tenido que hacer un examen de conducir y es la única persona en Gran Bretaña que puede sentarse al volante sin permiso. Pero la cosa no acaba ahí, el monarca británico ni siquiera necesita pasaporte para viajar al extranjero.

163. LA CASA DE LA CONCHA

Si alguna vez vas a México, encontrarás una extraña casa con forma de concha llamada Nautilus. La casa tiene paredes decoradas con mosaicos de vidrieras que crean un hermoso arco iris en la casa. La casa fue construida en 2006, inspirada en las obras de Gaudí y Frank Lloyd Wright. Está habitada por una familia con dos hijos.

164. UN ERROR QUE COSTÓ CARO

En 1999, la NASA perdió una de las sondas a Marte más importantes del momento. El valor estimado de la misma es de unos 125 millones de dólares y todo se produjo por un error de conversión. El error se produjo por parte de dos empresas diferentes que participaron en el diseño de la sonda; una de ellas utilizó los newtons como unidad de medida (la unidad de medida del Sistema Internacional) mientras que la otra, al ser británica, utilizó las libras-fuerza. En la conversión hubo un gran error que hizo que la sonda se acercara a la atmósfera de Marte, unos momentos después se quemó inexorablemente.

165. TODO EN UNA CIUDAD

Somos más de 7.500 millones de personas en el mundo y, por supuesto, esta cifra parece enorme. Sin embargo, podría parecer un poco más manejable sabiendo que si nos pusiéramos uno al lado del otro, tocando hombro con hombro, todos cabemos dentro de las 500 millas cuadradas de la ciudad de Los Ángeles.

166. LAS LEYES MÁS EXTRAÑAS DEL MUNDO

En el Reino Unido hay algunas leyes bastante inusuales y peculiares. Cada pez grande capturado y cada ballena pertenece por derecho a la Reina. También va en contra de la Constitución manejar una vaca en estado de embriaguez. La tercera y última ley, muy inusual en Gran Bretaña, es la siguiente: para cualquiera que comercie con frutas y verduras, es ilegal importar patatas polacas. ¿Otras leyes únicas en el mundo? En Francia, es ilegal llamar a un cerdo "Napoleón", ya que sería un insulto al antiguo emperador y conquistador francés. En Florida es ilegal emitir flatulencias en un lugar público. En Samoa es ilegal olvidar el cumpleaños de tu novio/a.

167. ¿CUÁNTO SABES DE VOLDEMORT?

Tom Riddle tiene un nombre diferente en cada traducción de la película. ¿Recuerdas en "Harry Potter y la Cámara de los Secretos" cuando las letras del nombre Tom Marvolo Riddle se transforman en "Lord Voldemort"? Bueno, para que esto funcione en otros idiomas, Rowling y el equipo de la película le dieron a Tom Riddle diferentes nombres que funcionaran. En francés, el nombre de Tom Riddle es Tom Elvis Jedusor, que se reorganiza en "Je suis Voldemort", que significa "Yo soy Voldemort" en francés.

168. NO SON TODOS IGUALES

¿Sabías que el tiempo necesario para construir un Toyota es de 13 horas mientras que el de un Rolls Royce es de 6 meses? Ciertamente, la calidad de los materiales e incluso el tiempo de espera para obtenerlos son diferentes, pero la construcción y el montaje reales del coche también cuentan. En 2021, el director general de Rolls-Royce anunció que habían batido el récord de producción de coches en un solo año: 5.586 vehículos. Ese mismo año, el fabricante japonés de automóviles registró casi 10,5 millones de ventas.

169. ARTE JAPONÉS DESCONOCIDO

El kintsugi es el arte japonés de reparar las grietas de los objetos con oro, lo que aumenta el valor del objeto. Por lo general, en los países occidentales, cuando un objeto se rompe, como por ejemplo una taza de cerámica, lo tiramos a la basura sin pensarlo mucho. El kintsugi no sólo permite reparar el objeto mediante resina y polvo de oro, sino que también resalta sus heridas (grietas). Este arte no sólo permite reparar los objetos, sino que también tiene un fuerte valor simbólico: cada persona es única tal como es, con sus propias bellezas e imperfecciones, y debe ser aceptada. La ruptura de un objeto de este modo ya no representa su fin, sino un nuevo comienzo, sin olvidar el pasado.

170. MÁS GENTE QUE WHISKY

Kentucky (uno de los estados miembros de los Estados Unidos de América) es conocido en todo el mundo como productor de whisky Bourbon. Casi el 95% de este tipo de alcohol se produce en esta región. Por eso no es de extrañar que este estado sea el que más barriles de whisky tiene (unos 4,7 millones de barriles) para una población de unos 4,3 millones de personas.

171. INICIAR UN NEGOCIO CON MUCHA SUERTE

El propietario de FedEx (una de las principales empresas de transporte de mercancías, transporte terrestre, transporte aéreo y servicios logísticos) vivió al principio momentos poco agradables. El fundador de la empresa, Fred Smith, tomó impulsivamente los últimos 5.000 dólares de la empresa para jugar al blackjack en el casino de Las Vegas, convirtiéndolos en 27.000 dólares. Este dinero fue suficiente para mantener la empresa en marcha hasta que llegó el capital de otros inversores, convirtiéndola en una de las más importantes del mundo en su campo.

172. ¿CUÁNTAS BOLSAS TIENES?

En los Países Bajos, cada mujer tiene una media de seis bolsos. Sin embargo, esto no significa necesariamente que cada uno de ellos sea de una marca famosa y cara. A menudo, compran uno o dos bolsos para cada ocasión y un par de bolsos extra que van bien con su ropa. De hecho, seis bolsas por familia siguen siendo relativamente pocas en comparación con las italianas. De hecho, la mujer italiana media compra entre veinte y sesenta bolsas.

173. EL AVIÓN MÁS DISTINTIVO DEL MUNDO

La empresa canadiense Bombardier ha filtrado rumores sobre su próximo avión: el Global 8000. Se convertirá en uno de los reactores más rápidos del mundo con una autonomía demencial. Su capacidad será de sólo 19 pasajeros (lo que lo hace perfecto para vuelos privados). La autonomía del avión será de 14500 km y podrá alcanzar una velocidad máxima de unos 1150 km/h. El lanzamiento de este avión está previsto para 2025.

174. TURBINAS DE VIENTO

Los aerogeneradores son grandes. Las palas de los aerogeneradores tienen una longitud media de casi 60 metros, y las torres de las turbinas tienen una altura media de 60 metros, aproximadamente la altura de la Estatua de la Libertad. La capacidad media de las placas de las turbinas también aumenta, lo que significa que tienen generadores más potentes. La capacidad media de los aerogeneradores instalados en 2020 fue de 2,75 megavatios (MW), un 8% más que el año anterior.

175. LA TORRE INCLINADA DE PISA NO SOLO SE INCLINA, TAMBIÉN SE ESTÁ HUNDIENDO

La construcción de la Torre de Pisa se inició en 1173 y, debido al terreno blando sobre el que se construyó, comenzó a inclinarse en cuanto los constructores llegaron al tercer piso (cinco años después de iniciadas las obras). Durante los siguientes 800 años, la pendiente no fue lo único que afectó a la torre, de hecho, ¡también se está hundiendo a un ritmo de dos milímetros por año!

176. LOS RÉCORDS MÁS EXTRAÑOS DEL MUNDO

Marco Hort posee un récord un tanto peculiar: tiene el récord mundial de pajitas metidas en la boca al mismo tiempo, ¡259! El mayor capuchino de la historia tiene una capacidad de 4250 litros, ¡800 litros de café y 3500 litros de leche! El cantante de Las Vegas Chris Walton entró en el Récord Guinness por tener las uñas más largas del mundo: ¡unos 3 metros por mano!

177. ¿CUÁNTOS RAYOS CAYERON SOBRE EL HOMBRE MÁS DESAFORTUNADO DE LA HISTORIA?

Roy Cleveland Sullivan era un guardabosques estadounidense en Virginia. Desde que tenía treinta años hasta casi setenta, el hombre fue alcanzado siete veces por un rayo y sobrevivió en todas ellas.

Un récord de imbatibilidad que le ha valido el apodo de "pararrayos" y "pararrayos humano". Se dice que siempre que había una tormenta eléctrica Roy era dejado solo por sus amigos y familiares para evitar accidentes desagradables.

178. CIUDADES OCULTAS

En Turquía, concretamente en la ciudad de Midyat, se hizo un impactante descubrimiento mientras se limpiaban las calles: una antigua ciudad subterránea. A través de una cueva, los arqueólogos descubrieron la mayor ciudad subterránea escondida bajo las ruinas de la ciudad turca. Hasta la fecha, sólo se han encontrado 49 habitaciones en total, pero los expertos estiman que sólo se trata del 3% del total (con unos posibles 70000 habitantes). Se cree que este enorme escondite fue construido por los cristianos para huir de los antiguos romanos, que al principio eran paganos, y sólo más tarde el cristianismo fue reconocido como religión del Estado.

179. ME SIENTO UN POCO ABURRIDO

Jeremy Harper, un ingeniero de software de Birmingham, tiene un récord bastante extraño: contó en voz alta de 0 a 1 millón. El hombre contó una media de 16 horas al día durante un total de 89 días; los únicos descansos que hizo fueron para ir al baño, comer y dormir. Todo ello se retransmitió en directo e incluso algunas cadenas de televisión emitieron partes de este interminable maratón.

180. UNA SIMPLE BOLA OVALADA

¿Te has preguntado alguna vez por qué el balón en el rugby es ovalado? La forma aplanada de la bola proviene del contorno de las vejigas de los cerdos. Los primeros balones se fabricaban limpiando las tripas de los cerdos, escurriéndolas e inflándolas con aire. A continuación, se cubrían con cuero para hacerlas rígidas y fáciles de manejar. Todo esto se hizo para que el deporte fuera más entretenido, ya que los rebotes de una pelota ovalada son ciertamente imprevisibles incluso a los ojos de los más experimentados, lo que hace que el juego sea más emocionante.

181. MODAS A LO LARGO DE LOS SIGLOS

Se sabe que las modas cambian con el tiempo, pero ¿se ha preguntado alguna vez qué estaba de moda hace 1000 años? Entre los siglos XI y XII, estaba muy de moda que las mujeres tuvieran los labios muy pequeños, la frente muy ancha y alta, los ojos muy grandes en comparación con la cara y las cejas arqueadas. Las mujeres de las clases sociales acomodadas solían afeitarse completamente las pestañas y luego las redibujaban con trazos negros para crear un arco perfecto. Además, para hacer que los ojos parezcan más "profundos", solían utilizar compuestos de arcilla de colores para aplicar en los ojos.

182. ¡SÓLO BUSCABA UN MARTILLO!

En 1992, un caballero jubilado de Gran Bretaña encontró el mayor tesoro romano conservado al otro lado del Canal. Eric Lawes estaba buscando su martillo, que había perdido con un detector de metales, cuando se encontró con este impresionante hallazgo. Dentro del tesoro había más de 27 kg de oro y plata en monedas y cubiertos, el hombre no dudó ni un segundo y llamó a los arqueólogos de la zona. A cambio, el gobierno británico le dio 1,75 millones de libras esterlinas, que Eric compartió generosamente con el propietario del campo donde el hombre encontró el Tesoro de Hoxne.

CORPO UMANO

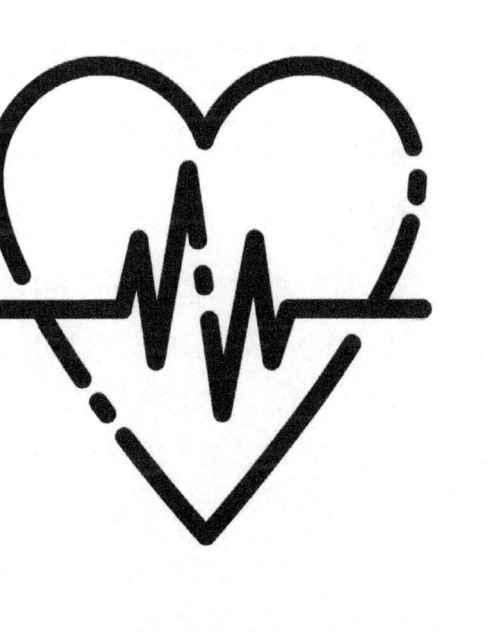

183. ERES MÁS ALTO POR LA MAÑANA QUE POR LA TARDE

Puede parecer una broma, pero cuando te levantas por la mañana, eres en realidad un poco más alto que cuando te acuestas. Esto se debe a la presión ejercida sobre las articulaciones durante el día. Al realizar sus actividades diarias, esta presión hace que el cartílago de la columna vertebral comprima los discos vertebrales con la suficiente fuerza como para empujar todo hacia abajo. Sin embargo, mientras se relaja mientras duerme, se alivia la presión sobre los discos intervertebrales, lo que le permite volver a su altura total.

184. ¿CUÁNTOS SENTIDOS TIENE EL SER HUMANO?

Además de la vista, el olfato, el tacto, el gusto y el oído, los seres humanos también tienen "propiocepción" (sentido del espacio) y "nocicepción" (sentido del dolor). También existe la "equilibrocepción" (sentido del equilibrio), la "termocepción" (sentido de la temperatura en el cuerpo y a su alrededor), la "percepción temporal" (sentido del tiempo) y otras más, según a quién se pregunte. Así que sí, el Sexto Sentido puede necesitar un nuevo nombre.

185. ¿CÓMO DEFECAMOS?

La posición en la que defecamos es importante para nuestros intestinos, para su buen funcionamiento e incluso para evitar las hemorroides. Se ha comprobado que las enfermedades relacionadas con el intestino existen sobre todo en los países donde la gente evacua sentada. Sin embargo, mucha gente no sabe que la posición más correcta para evacuar el intestino es en cuclillas. De hecho, esta posición no sólo permite enderezar el canal intestinal y favorecer la salida de las heces, sino que es la más natural. ¿Cómo hacer caca entonces? ¿Hay que ponerse en cuclillas o buscar alguna otra posición absurda para estar cómodo en el inodoro? Afortunadamente, no es así: basta con colocar un taburete delante de usted, poner los pies sobre él simulando una posición de cuclillas y realizar sus funciones diarias como nunca antes.

186. 100 MILLAS DENTRO DE NUESTRO CUERPO

Según el Instituto Franklin, si todo el sistema circulatorio de un niño (hablamos de venas, arterias y capilares) se dispusiera en un plano, se extendería más de 96.600 km. Al llegar a la edad adulta, cuando nuestro cuerpo se ha transformado y ha dejado de crecer, haciendo la misma prueba, llegaríamos a unos 161.000 km de vasos sanguíneos.

187. 1/4 DE TUS HUESOS ESTÁN EN TUS PIES

Hay 26 huesos en cada pie. 52 huesos en ambos, de un total de 206 huesos en todo el cuerpo, en total más del 25%. Puede parecer una locura al principio, pero piénsalo: tus pies soportan tu peso y te permiten saltar, correr y trepar. Estos huesos y articulaciones también permiten que los pies absorban y liberen energía de manera eficiente. Es una de las razones por las que los humanos pueden correr más rápido que cualquier otro animal en una carrera de resistencia.

188. NO TODOS TENEMOS SUEÑOS COLORIDOS

Aunque la mayoría de las personas dicen soñar en color, alrededor del 12% afirma soñar sólo en blanco y negro. Los menores de 25 años suelen decir que sueñan en color, pero la mayoría de los mayores de 55 años dicen que sueñan en blanco y negro un 25% de las veces. Los investigadores creen que esta diferencia es el resultado de la exposición en la infancia a la televisión en blanco y negro. Esta idea está respaldada por un estudio más antiguo, según el cual las personas de los años 40 rara vez decían que soñaban en color.

189. UNA CARACTERÍSTICA ÚNICA DEL CUERPO HUMANO

A pesar de las muchas diferencias entre los humanos y otras criaturas, también hay muchas similitudes. Muchas criaturas tienen pelo, corazón, ojos y un potente cerebro como el nuestro. Pero hay una característica que no compartimos con ninguna otra especie: nuestra barbilla.

190. RIENDO MIENTRAS SE COSQUILLAS ES PARTE DE UN MECANISMO DE DEFENSA

Hay una razón por la que es casi imposible no reírse cuando alguien te hace cosquillas (y no tiene nada que ver con que la situación sea increíblemente graciosa): probablemente tu cuerpo esté poniendo en marcha un mecanismo de defensa natural. Científicos de la Universidad de Tubinga (Alemania) han descubierto que, cuando nos hacen cosquillas, se activa la parte del cerebro que anticipa el dolor. Como nuestro cerebro piensa que estamos en problemas, podemos golpear a cualquiera que nos haga cosquillas o podemos reírnos, lo que es un signo de sumisión.

191. EN CONTACTO CON EL HIELO

El polaco Valerjan Romanovski estableció en 2022 el récord mundial de contacto corporal más largo con el hielo, permaneciendo totalmente cubierto durante un total de tres horas y 28 segundos. Cuando se le preguntó cómo se había preparado para una hazaña tan extraordinaria, Romanovski declaró al Libro Guinness de los Récords: "Me entrené en hielo, agua helada y aire helado. En la casa donde vivo, me baño con agua fría. Durante el entrenamiento, pasaba hasta 90 minutos en el hielo. He añadido a mi plan de entrenamiento tratamientos en una cámara normobárica. Antes del registro, yo también dormía en esta cámara".

192. CURIOSIDAD POR LA TABLA PERIÓDICA

¿Sabía que el 99% del cuerpo humano está formado por sólo 6 elementos (oxígeno, carbono, hidrógeno, nitrógeno, calcio y fósforo) de la tabla periódica (que tiene un total de 188 elementos)? Si además contamos el 1% restante, el número total asciende a 30 elementos. Si tomáramos un iPhone, por ejemplo, el número total de elementos subiría mucho: llegaríamos a unos 75 elementos

193. MÚSICA Y LATIDOS DEL CORAZÓN

Se dice que la música activa ciertas respuestas inconscientes en todo el cuerpo, y una de ellas tiene que ver con el sistema cardiovascular. Los estudios realizados en algunos pacientes han demostrado que hay ciertos cambios en el sistema cardiovascular que reflejan el tempo musical de la canción que estamos escuchando. La música no sólo se sincroniza con los ritmos cardíacos del cuerpo, sino que también se ha demostrado que los distintos tipos de música influyen en el ritmo cardíaco y la presión arterial del individuo.

194. SÓLO SE RESPIRA CON UNA FOSA NASAL A LA VEZ

Sí, las fosas nasales comparten el trabajo a la hora de respirar, pero es un poco más complicado de lo que crees. Sucede que, a intervalos alternados, una fosa nasal inhala más aire que la otra. La fosa nasal activa cambia cada dos o tres horas y sólo durante períodos muy cortos del día respiramos con ambas fosas nasales. ¿No te lo crees? Ponga su dedo bajo la nariz y pruébelo usted mismo.

195. TODAS LAS PERSONAS CON LOS OJOS AZULES COMPARTEN UN ANCESTRO COMÚN

Si tiene los ojos azules, se encuentra entre el 8-10% de la población mundial con ojos de este color, que son el resultado de una mutación que provoca una falta de pigmento en el iris. Los investigadores creen que esta mutación apareció por primera vez en una persona que vivía en Europa hace entre 6.000 y 10.000 años, lo que significa que todas las personas de ojos azules que viven en la actualidad comparten un ancestro común.

196. EL MÚSCULO MÁS PEQUEÑO

El músculo más pequeño del cuerpo humano es el estapedio, también conocido como "músculo del estribo". Sólo mide un milímetro y su función principal es estabilizar el hueso más pequeño del cuerpo humano: el estribo. Este músculo está situado en el interior del oído y sirve principalmente para amortiguar los sonidos resultantes de la masticación.

197. LA POSICIÓN EN LA QUE DUERMES ESTÁ RELACIONADA CON TU PERSONALIDAD

Cuando te duermes por la noche, ¿prefieres estar en posición fetal, de espaldas o tumbado boca abajo? Hay muchas posturas en las que puedes dormirte y, sea cual sea la que prefieras, lo importante es que sea cómoda. Según los expertos en sueño de 'The Telegraph', existe una correlación entre la posición preferida para dormir de una persona y su personalidad. Por ejemplo, el director del "Servicio de Evaluación y Asesoramiento sobre el Sueño", Chris Idzikowski, explicó que las personas que optan por la posición fetal (dormir de lado con las rodillas recogidas y los brazos cruzados) "pueden parecer duras, pero en realidad son almas sensibles hasta el fondo".

198. BIAS DE NEGATIVIDAD

La mente humana está programada para experimentar más emociones negativas que positivas. Sesgo de negatividad", este es el término utilizado por los psicólogos para reconocer el fenómeno. Nuestra memoria está muy influenciada por nuestras emociones gracias a la amígdala, una parte todavía muy primitiva de nuestro cerebro que gestiona las emociones. Hace miles de años, esta parte de nuestro cerebro era más fundamental que nunca, ya que a menudo nos encontrábamos en situaciones de peligro y la amígdala ponía a nuestro cuerpo en estado de "lucha o huida". La amígdala, por lo tanto, registra la emoción como positiva y negativa, luego depende del hipocampo para almacenarla como un recuerdo en nuestro cerebro.

199. LOS DOS MIEDOS INNATOS

Aunque pueda parecer que tiene miedo a las serpientes y a las arañas desde que nació, esto no es del todo cierto. Según la CNN, los científicos han descubierto que los humanos sólo tienen dos miedos innatos: el miedo a las caídas y el miedo a los sonidos fuertes. El resto de sus fobias se aprenden con el tiempo.

200. ¡CEREBRO... CUÁNTO CONSUMO!

Aunque nuestro cerebro corresponde a un 2% de nuestro peso corporal, es con diferencia el músculo que más energía necesita para realizar sus funciones. Nuestro cerebro utiliza alrededor del 25% de la glucosa de nuestro cuerpo para mantener sus funciones y alrededor del 15% del oxígeno total que respiramos. Más concretamente, la razón por la que nuestro cerebro consume tantas calorías y oxígeno son las sinapsis: el punto de contacto entre las distintas células nerviosas, responsable de la comunicación entre ellas. Se calcula que nuestro cerebro tiene alrededor de un millón de millones de ellas y que trabajan constantemente. Al contrario de lo que se podría pensar, un niño de unos 5-6 años consume mucho más que una persona adulta. Proporcionalmente, un niño de esa edad puede consumir alrededor del 60% de la energía total.

¿Cuál era el "elixir de la vida" que bebían en la antigüedad para vivir más tiempo (en teoría)?
- Cloruro de oro y éter dietílico
- Oro
- Compuesto de bronce
- Compuesto de plata

1

¿Qué videojuego fue la tarea de clase obtenida por dos estudiantes estadounidenses?
- Fifa
- Call of Duty
- Fortnite
- LoL

2

¿Qué flor provocó la primera gran burbuja financiera en Holanda?
- Rosa
- Tulipán
- Prímula
- Lirio blanco

3

¿En qué parte del cuerpo se encuentra aproximadamente el 1/4 del total de los huesos?
- Cavidad pélvica
- Hombro
- Manos
- Pies

4

¿Cuáles son los dos miedos innatos de todo ser humano?
- Oscuridad y sonidos fuertes
- La oscuridad y el miedo a caer
- Miedo a las caídas y a los sonidos fuertes
- La oscuridad y el miedo a las arañas

5

¿De qué color son los ojos de las personas que se cree que comparten un ancestro común?
- Verde
- Azul
- Marrón
- Negro

6

¿Cómo se llama el músculo más pequeño de nuestro cuerpo?
- Stapedius
- Psoas pequeño
- Obturador externo
- Músculo gemelo inferior

7

¿Qué dinosaurio fue el primero en aparecer en nuestro planeta (según los hallazgos realizados hasta ahora)?
- Oviraptor
- Carnotauro
- Tiranosaurio
- Eoraptor

8

¿En qué ciudad se encuentra el restaurante en el que te atiende un mono?
- Tokyo
- Bangkok
- Beijing
- Dubai

9

¿Cuál es la mejor guinda de todas?
- Carolina Reaper
- Aliento de dragón
- Trinidad Scorpion
- Seven Pod Chocolate

10

¿Cuál es el alimento que nunca caduca?
- Nutella
- Miel
- Atún en aceite
- Chocolate negro

¿Qué verdura se creía originalmente que era venenosa?
- Berenjena
- Cebolla
- Zanahoria
- Tomate

¿Cuál se cree que fue el primer trabajo de la historia de la humanidad?
- Médico
- Dentista
- Carpintero
- Sacerdote

¿Cuándo nació el Guinness World Record?
- 1960
- 1955
- 1946
- 1940

¿Cuál ha sido la temperatura más alta jamás registrada?
- 50°
- 70°
- 58°
- 72°

¿En qué ciudad se cree que estalló la "plaga del baile"?
- Bruges
- Ámsterdam
- Danzica
- Estrasburgo

16

¿Por Mundial por accionar una válvula incorrecta? qué país luchaba el submarino que se hundió durante la Segunda Guerra
- Inglaterra
- Alemania
- Italia
- Francia

17

¿Dónde está el "lugar más largo del mundo", con 85 letras?
- Nuova Zelanda
- Sudáfrica
- Australia
- Países Bajos

18

¿Según los científicos, el número actual de seres humanos vivos en la Tierra corresponde a qué porcentaje de todas las personas que han existido?
- 4%
- 11%
- 10%
- 7%

19

¿Cuántos rayos cayeron sobre el hombre más desafortunado de la historia?
- 5
- 3
- 7
- 9

20

SOLUCIONES

1. Cloruro de oro y éter dietílico
2. Fortnite
3. Tulipán
4. Pies
5. Miedo a las caídas y a los sonidos fuertes
6. Azul
7. Estapedio
8. Eoraptor
9. Tokio
10. Aliento de Dragón
11. Miel
12. Tomate
13. Dentista
14. 1955
15. 58°
16. Estrasburgo
17. Alemania
18. Nueva Zelanda
19. 7%
20. 7

¡GRACIAS POR ELEGIRNOS!

HEMOS LLEGADO AL FINAL DEL LIBRO Y ESPERAMOS QUE HAYA SIDO UN VIAJE LLENO DE CONOCIMIENTOS.

ESCANEANDO EL CÓDIGO QR QUE APARECE A CONTINUACIÓN ENCONTRARÁ LOS ARTÍCULOS QUE HEMOS SELECCIONADO CON EL QUE PUEDE PROFUNDIZAR EN SU CONOCIMIENTOS SOBRE EL MUNDO Y MÁS ALLÁ.

ADEMÁS, AL SUSCRIBIRTE AL BOLETÍN RECIBIRÁS 3 BONOS EXCLUSIVOS COMO REGALO SÓLO PARA TI.

Printed in Great Britain
by Amazon